COMMENT DÉCOUVRIR ET RÉALISER MA DESTINÉE

Dr Naomi TEMEZEU

Copyright © 2025 Naomi Temezeu

Téléphone : (+237) 673304544 / 699413805
Email : familylovemovement2020@gmail.com
Facebook: @Naomi Temezeu

Couverture : *Be Light*

ISBN : 9798281630405

DÉDICACE

À ceux qui soupirent accomplir la volonté parfaite de Dieu dans leur vie, leur foyer, et leur famille.

TABLE DES MATIÈRES

REMERCIEMENTS

Je remercie le Dieu Tout-Puissant, car ce livre est le fruit d'une communion avec Lui par la demeure permanente dans Sa présence par le jeûne et la prière.

Je dis merci à mon époux, mes enfants biologiques et spirituels qui ont cru en moi et pour leur soutien spirituel, psychologique et multiforme dans la production de ce chef-d'œuvre qui sera sans doute une bénédiction pour le corps de Christ.

J'exprime toute ma gratitude à la grande famille Family Love Movement ainsi que toutes ses académies et tous ses ministères. Je rends grâce à Dieu pour toute l'équipe de production et pour tout lecteur qui saura faire bon usage des principes bibliques qui y sont communiqués.

Que Dieu vous bénisse !

INTRODUCTION

LA VÉRITÉ BIBLIQUE SUR MA DESTINÉE

(?) JE TRAVERSE UNE CRISE EXISTENTIELLE ET JE MANQUE DE DIRECTION. QUE FAIRE ?

❖ Je suis fatigué de tourner en rond et je ne sais quoi faire de ma vie.

❖ J'ai marre d'une profession que j'exerce sans pour autant éprouver une certaine satisfaction ou mieux une satisfaction certaine.

❖ Je suis découragé(e) par les années qui s'écroulent devant moi alors que j'ai le sentiment de demeurer sur place dans l'incapacité de donner un sens à ma vie.

❖ Ils sont nombreux ceux qui subissent leur vie, qui perdent de nombreuses et précieuses années de leur vie sans réellement réaliser quelque chose.

❖ J'ai l'impression que ma vie ne sert à rien et je ne suis pas certain d'être dans le plan de Dieu pour ma vie, mon foyer, ma famille, mon travail et mon ministère.

5 DANGERS QUI DÉTRUISENT CEUX QUI NE CONNAISSENT PAS LEUR DESTINÉE

ଓ Si vous n'avez pas d'objectifs, les autres vous utiliseront pour réaliser les leurs. Vous serez donc animé d'un sentiment d'inutilité, le sentiment d'être utilisé et exploité par les autres.

ଓ Vous gaspillez le temps, le talent et l'argent pour investir dans les activités qui n'ont pas été prévues pour vous dans le plan de Dieu.

ଔ Vous êtes dans le tourbillon d'une angoisse existentielle remplie de brouillard et dans l'impasse et l'incertitude de l'avenir et vous avez comme impression que votre vie est un éternel recommencement sans réalisations visibles.

ଔ Vous avez le sentiment de passer à côté du plan de Dieu pour votre vie, foyer, famille, enfant, travail, ministère.

ଔ Vous avez le sentiment d'insatisfaction, d'inachèvement, de non accomplissement qui paralyse votre existence.

7 RAISONS NÉCESSAIRES POUR LESQUELLES ON DEVRAIT CONNAITRE SA DESTINÉE

✓ Être capable de dépenser son temps, talent et trésor dans les domaines et les projets prévus par Dieu depuis la fondation du monde.

✓ Discerner avec exactitude la personne avec qui on pourra se marier et se mettre en partenariat pour servir Dieu efficacement.

✓ Définir les priorités de nos vies et nous investir avec sagesse pour un résultat à la hauteur de l'extraordinaire divin.

✓ Discerner avec exactitude le lieu d'habitation géographique dans la mesure où il y a un rapport entre notre appel et le territoire de sa réalisation.

✓ Discerner clairement dans quelle église s'inscrire et dans quels domaines s'établir pour servir un maximum de personnes.

✓ Discerner clairement la compétence et la qualification dont on a besoin ainsi que les sphères dans lesquelles on peut exceller et les diplômes nécessaires pour notre épanouissement multidimensionnel.

✓ Discerner clairement le plan et les objectifs de Dieu pour ta vie personnelle, conjugale, familiale, professionnelle et ministérielle.

Ce livre a pour but vous équiper à découvrir et à réaliser votre :

- ¤ Destinée personnelle,
- ¤ Destinée conjugale,
- ¤ Destinée familiale,
- ¤ Destinée professionnelle,
- ¤ Destinée ministérielle.

JOUR 📅 1

COMMENT ENTRER DANS MA DESTINÉE ?

❓ QU'EST-CE QUE LA DESTINÉE ?

La destinée est le plan de Dieu pour chaque homme. Elle est également ce que Dieu a prévu pour tout homme. La destinée renvoie également à l'intention de Dieu pour chaque individu. On peut encore définir la destinée comme l'ensemble des projets de Dieu pour chaque homme. Comme le dit **Jérémie 29 :11-13** : **« Car je connais les projets que j'ai formés sur vous, dit l'Éternel, des projets de paix et non de malheur, afin de vous donner un avenir et de l'espérance. Vous m'invoquerez, et vous partirez ; vous me prierez, et je vous exaucerai. Vous me chercherez, et vous me trouverez, si vous me cherchez de tout votre cœur. »**

2 MÉTHODES POUR ENTRER DANS SA DESTINÉE

⬦ Méthode n°1 : La méthode statique

Cette méthode consiste à recevoir le plan de Dieu à un moment précis de la vie. C'est le cas de Jean-Baptiste, qui était rempli du Saint-Esprit dès le ventre maternel. Sa mission était bien connue. De même, Samuel était rempli du Saint-Esprit et consacré dès le ventre maternel. À ce stade, il est important de noter que les parents ont une lourde responsabilité : identifier le plan de Dieu pour leur enfant. La mère, pendant qu'elle est enceinte, peut interroger Dieu et Lui poser la question : « Quelle est la destinée de mon enfant ? Quel est le plan que Tu as prévu pour lui ? Qu'est-ce qu'il est venu réaliser sur la terre ? » Il est fondamental d'avoir la réponse à cette question. Le rôle des parents sera alors de guider l'enfant selon la voie de Dieu. Les parents qui sont régénérés ont le privilège d'avoir cette expérience avec leur progéniture. Dans cette veine, les enfants peuvent porter le nom qui est le reflet de leur destinée. Les enfants viendront au monde avec une avance sur les autres qui doivent chercher la voix de Dieu pour leur vie. Ils savent ce qu'ils doivent réaliser grâce aux prières des parents qui ont remporté des victoires éclatantes en leur faveur.

⛢ Méthode n°2 : La méthode dynamique

Cette méthode est un processus où l'on reçoit une révélation de Dieu, une idée claire de ce que nous devons réaliser sur la terre. Dans ce cadre, nous avons souvent nos ambitions personnelles, nos objectifs et nos projets qui ne sont pas nécessairement ceux de Dieu. Nos pensées ne sont pas les pensées de Dieu, et nos voies ne sont pas les Siennes. Nous devons donc mettre de côté nos projets personnels pour faire la volonté de Dieu, qui est bonne, agréable et parfaite.

⑦ COMMENT PROCÉDER ?

1. Engagez-vous à devenir un enfant de Dieu, membre de la famille de Dieu par une prière d'engagement.
2. Faites ce que Dieu veut que vous fassiez, soyez obéissant.
3. Demandez à Dieu de vous montrer votre destinée, ce qu'il a prévu pour vous.
4. Engagez-vous à écouter la voix de Dieu, qui peut vous parler par :

ଔ Une parole,
ଔ Une prédication,
ଔ Une prophétie,
ଔ Les rêves,
ଔ Les visions,
ଔ Les circonstances,
ଔ La prière,
ଔ Les conseils sages,
ଔ Les membres de votre famille (conjoint, enfants, etc).

⚠️ VOTRE DESTINÉE NE SE LIMITE PAS À VOTRE MINISTÈRE

Ne confondez pas votre destinée avec votre ministère, tel que décrit dans Éphésiens **4 :11-12.** Ce passage mentionne les différents ministères que Dieu a donnés à l'Église : apôtres, prophètes, évangélistes, pasteurs et docteurs. Ces ministères ont pour but de perfectionner les saints, de faire l'œuvre du ministère et d'éduquer le corps du Christ. Cependant, votre destinée ne se limite pas à ces ministères spécifiques. Vous pouvez être appelé à servir Dieu dans le domaine séculier dans les sphères d'influence suivantes: - la famille, - l'éducation, -la religion, - l'art, - la politique, - l'économie et les affaires,- les média. Vous pouvez réaliser votre destinée sans être nécessairement pasteur ou évangéliste. L'important est de faire de votre travail un instrument d'évangélisation et de discipolat, un moyen de gagner des âmes et d'accumuler des richesses selon Dieu, et non selon le monde. En d'autres termes, votre destinée est unique et peut se manifester de différentes manières. Ne vous limitez pas à une définition étroite de ce que vous pensez que Dieu attend de vous. Cherchez à comprendre Sa volonté pour votre vie et servez-Le avec passion et dévotion.

✅ CHAQUE HOMME EST CRÉÉ POUR UN BUT

Comme il est écrit dans **Proverbes 16 :4, « L'Éternel a tout fait pour un but, même le méchant pour le jour du malheur. »** Cela signifie que chaque personne a une mission unique à accomplir sur cette terre. Nous ne devons pas agir par imitation ou simple mimétisme car nous avons tous une vocation spécifique. Nous sommes appelés à évangéliser et à faire des disciples **(Matthieu 28:19-20).** Dans ce processus, nous aurons des approches différentes, et nos ministères se manifesteront de manière distincte. Il est important de comprendre que nous sommes d'abord appelés à être des généralistes, allant dans le champ de mission pour faire des disciples pour l'Éternel. Ensuite, nous deviendrons des spécialistes, avec des appels et des ministères particuliers, mais complémentaires pour la gloire de Dieu. En d'autres termes, notre chemin de vie est unique, et nous devons trouver notre propre voie pour servir Dieu. Nous sommes appelés à nous dédier à Sa cause, à partager l'Évangile et à faire des disciples, chacun à sa manière. Il est important de noter que la destinée ne se limite pas aux ministères classiques. Joseph et Daniel, par exemple, n'étaient pas des apôtres, des évangélistes, des docteurs, des pasteurs ou des prophètes au sens traditionnel du terme mais ils ont exercé une influence positive dans la sphère politique et économique de leur époque.

Joseph, en Égypte, a utilisé sa position pour sauver son peuple et celui des nations environnantes **(Genèse 41-47)**. Daniel, à Babylone, a conseillé les rois et a influencé la politique de l'empire **(Daniel 1-6).** Ces exemples démontrent que la destinée est de réaliser le plan de Dieu dans sa vie, comme il est écrit dans **Marc 16 :15 : « Allez par tout le monde, et prêchez la bonne nouvelle à toute la création. »** Le monde ici représente le cosmos, c'est-à-dire toutes les sphères de la société :- La famille, - L'économie, - La politique, - Les médias, - Les affaires,- La religion.

La prédication de la bonne nouvelle ne se limite pas au ministère de pasteur ou d'évangéliste, mais renvoie à l'influence positive que nous pouvons apporter dans la société et là où nous nous trouvons. Il est question de faire de notre travail un instrument d'évangélisation et de discipolat en alignant nos paroles et nos actions. En d'autres termes, nous sommes appelés à être des ambassadeurs du Christ dans tous les domaines de la vie, pour partager la Bonne Nouvelle et influencer positivement notre environnement.

⑦ QUEL EST LE PRIX DE LA DESTINÉE ?

Il y a un double prix à payer pour atteindre sa destinée.

෴ Le prix du renoncement

Le premier prix est le prix du renoncement. Il consiste à mettre de côté ses ambitions et ses projets personnels pour suivre les projets et les ambitions de Dieu comme il est écrit dans **Luc 9 :23 : « Si quelqu'un veut venir après moi, qu'il renonce à lui-même, qu'il se charge chaque jour de sa croix, et qu'il me suive. »** Cela signifie que nous devons être prêts à abandonner nos désirs personnels et nos plans pour suivre la volonté de Dieu.

෴ Le prix de l'obéissance totale

Le second prix est le prix de l'obéissance totale à Dieu selon qu'il est écrit dans **1 Samuel 15 :22 : « L'Éternel trouve-t-il du plaisir dans les holocaustes et les sacrifices, comme dans l'obéissance à la voix de l'Éternel ? Voici, l'obéissance vaut mieux que les sacrifices, et l'observation de sa parole vaut mieux que la graisse des béliers. »** Cela implique que nous devons être obéissants à Dieu, même lorsque cela nous demande des sacrifices et des efforts.

En résumé, le prix de la destinée est :
1. Renoncer à nos ambitions et projets personnels pour suivre la volonté de Dieu.
2. Être obéissants à Dieu même lorsque cela nous demande des sacrifices et des efforts.
En payant ce prix, nous pouvons atteindre notre destinée et réaliser les plans de Dieu pour notre vie.

POINTS DE PRIÈRE

1. Abba ! Père ! Montre-moi ce pourquoi tu m'as envoyé sur la terre.
2. Abba ! Père ! Montre-moi Ton plan pour ma vie.
3. Abba ! Père ! Montre-moi Ton plan pour mon époux, mon épouse.
4. Abba ! Père ! Montre-moi Ton plan pour mon foyer.
5. Abba ! Père ! Montre-moi Ton plan pour chacun de mes enfants.
6. Abba ! Père ! Montre-moi Ton plan pour ma famille.
7. Abba ! Père ! Montre-moi Ton plan pour mes études, mon travail et mon futur mariage.
8. Abba ! Père ! Montre-moi comment bien me comporter sur le chemin de ma destinée.
9. Abba ! Père ! Montre-moi les attitudes à construire sur le chemin de ma destinée.
10. Abba ! Père ! Montre-moi les attitudes à éviter sur le chemin de ma destinée.
11. Abba ! Père ! Ramène-moi sur le droit chemin si je suis égaré dans le voyage de ma destinée.
12. Abba ! Père ! Ramène mes enfants qui s'éloignent de leur destinée.
13. Abba ! Père ! Ramène mon foyer sur le chemin de sa destinée.
14. Abba ! Père ! Ramène ma famille sur le chemin de sa destinée.
15. Abba ! Père ! Ramène les enfants de Dieu sur le chemin de leur destinée.
16. Abba : Père ! Pardonne-moi mes erreurs et mes désobéissances sur le chemin de ma destinée.
17. Abba ! Père ! Pardonne les erreurs et les désobéissances de mes enfants sur le chemin de leur destinée.
18. Abba ! Père ! Pardonne les erreurs et les désobéissances de mon foyer sur le chemin de sa destinée.
19. Abba ! Père ! Pardonne les erreurs et les désobéissances de ma famille sur le chemin de sa destinée.
20. Abba ! Père ! Accorde-nous la grâce de réaliser parfaitement Ta volonté en tant que personne, couple, famille selon Ton timing avant de quitter cette terre au nom de Jésus.

APPROPRIATION PERSONNELLE

	Date :
Thème : COMMENT ENTRER DANS MA DESTINÉE	
SUJETS DE PRIÈRE	**RÉPONSES DE DIEU** *(Comment Dieu a-t-il répondu ?* *Rêve, vision, verset biblique,* *intuition, parole, enseignement,* *pensée, paix, image, anges, etc)*
COUPLE	
PAPA	
MAMAN	
ENFANTS 1	
2	
3	
4	
5	
VIE PROFESSIONNELLE	
VIE MINISTERIELLE	
INTERCESSION : Pays, famille, Corps de Christ	

COMMENT COMPRENDRE MA DESTINÉE ?

La destinée est la volonté de Dieu pour ma vie. Lorsque vous acceptez d'entrer dans votre destinée, vous devenez la solution de Dieu pour votre génération et les générations à venir. Dieu nous crée pour que **nous soyons des solutions** et que nous fassions des solutions. Il est important de noter que, lorsque nous sommes la solution, Dieu nous envoie toujours la provision nécessaire. Autrement dit, Dieu nous bénit pour que nous soyons une source de bénédiction pour les autres. Dieu nous enrichit pour que nous soyons une source d'enrichissement pour les autres. Un exemple biblique est celui de Tabitha, également appelée Dorcas. Tabitha est une femme de valeur et de caractère noble. Elle a non seulement découvert sa destinée mais a également payé le prix pour la réaliser. Elle était pleine de bonnes œuvres et d'aumônes. Il est écrit dans **Actes 9 : 36 : « Il y avait à Joppé, parmi les disciples, une femme nommée Tabitha, ce qui signifie Dorcas. Elle faisait beaucoup de bonnes œuvres et d'aumônes. »**

Son amour pour Jésus-Christ se traduisait par des actes concrets, notamment la confection de tuniques et d'habits pour les pauvres. Cette femme était l'instrument de Dieu, la solution de Dieu pour les pauvres de sa communauté. Lorsque vous êtes dans votre destinée, la puissance de Dieu vous accompagne. La découverte et la réalisation de votre destinée sont tellement puissantes qu'elles peuvent même ressusciter un mort. Lorsque vous êtes dans votre destinée, vous bénéficiez de la faveur de Dieu dans votre vie. En effet, la découverte et la réalisation de votre destinée peuvent briser les chaînes de la maladie et de la mort.

C'est ce qui est arrivé à Dorcas, dont l'espérance de vie a été prolongée par Dieu lui-même, qui l'a ressuscitée des morts par l'intermédiaire de l'apôtre Pierre. Il est écrit dans **Actes 9:37-**

43 :

« Elle tomba malade en ce temps-là, et mourut. Après l'avoir lavée, on la déposa dans une chambre haute... Pierre se leva, et partit avec ces hommes. Lorsqu'il fut arrivé, on le conduisit dans la chambre haute... Pierre sortit tout le monde, se mit à genoux, et pria ; puis, se tournant vers le corps, il dit : Tabitha, lève-toi ! Elle ouvrit les yeux, et ayant vu Pierre, elle s'assit. Il lui donna la main, et la fit lever. » Ce miracle a eu un impact profond sur la communauté de Joppé, car **« cela fut connu de tout Joppé et beaucoup crurent au Seigneur » (Actes 9:42).** La découverte et la réalisation de votre destinée peuvent avoir un impact similaire dans votre vie et dans celle des autres.

ભ La destinée : être la solution pour autrui

Avec Dorcas, nous avons compris que la destinée est la solution en réalisant les bonnes œuvres inspirées de Dieu et en répondant aux besoins de notre environnement immédiat et lointain.

L'exemple de Barnabas

Barnabas, également appelé fils d'exhortation, est un exemple édifiant de quelqu'un qui a compris sa destinée. Il vendit un champ pour contribuer à l'œuvre de Dieu et aider les autres (Actes 4 :36-37). Sa contribution fut significative, et il était toujours prêt à encourager et à fortifier les autres.

(?) DEUX QUESTIONS ESSENTIELLES

1. Comment puis-je aider quelqu'un à progresser dans ma famille biologique ?
2. Comment puis-je aider quelqu'un à progresser dans ma famille spirituelle ?

✓ RÉPONSES

Pour réaliser votre destinée, commencez à être dans des **endroits où les gens sont dans le besoin.** Allez-y avec la bonne intention d'aider quelqu'un, de répondre aux besoins de quelqu'un, d'apporter la solution à quelqu'un. Ne remettez pas cette décision à plus tard, commencez dès maintenant.

∞ L'exemple de Barnabas et Paul

Barnabas a cru en Paul, malgré sa personnalité controverse, et l'a aidé à trouver sa destinée **(Actes 11 :25-26)**. Paul est devenu un homme célèbre dans la foi grâce à l'implication de Barnabas. Barnabas a compris que **la destinée n'est pas nécessairement la célébrité**, mais la solution qui ouvre la porte aux autres.

? DEUX QUESTIONS DE RÉFLEXION

1. Combien de personnes avez-vous aidé à progresser dans votre famille biologique ?
2. Combien de personnes avez-vous aidé à progresser dans votre famille spirituelle ?

La **puissance d'un seul conseil**, d'une seule parole, peut apporter des révolutions et des transformations dans la vie d'un individu. N'hésitez plus à prodiguer les conseils. Commencez aujourd'hui et vous ferez la différence en impactant des destinées.

POINTS DE PRIÈRE

1. Abba ! Père ! Montre-moi comment répondre aux besoins des autres.

2. Abba ! Père ! Montre-moi comment répondre aux besoins des membres de ma famille.

3. Abba ! Père ! Montre-moi comment répondre aux besoins de mon foyer.

4. Abba ! Père ! Montre-moi comment répondre aux besoins de ma famille.

5. Abba ! Père ! Montre-moi comment répondre aux besoins de mon lieu de service.

6. Abba ! Père ! Montre-moi comment répondre aux besoins de mon ministère.

7. Abba ! Père ! Montre-moi comment répondre aux besoins de chacun de mes enfants.

8. Abba ! Père ! Montre-moi comment répondre aux besoins de ma communauté.

9. Abba ! Père ! Montre-moi comment répondre aux besoins des personnes qui sont dans le besoin.

10. Abba ! Père ! Montre-moi comment répondre aux besoins des nécessiteux.

11. Abba ! Père ! Ramène-moi dans les sphères où on a besoin de mes talents.

12. Abba ! Père ! Ramène-moi dans les sphères où je peux être plus utile.

13. Abba ! Père ! Montre-moi comment mettre mes talents au service des autres.

14. Abba ! Père ! Montre-moi comment donner et où donner mes services.

15. Abba ! Père ! Montre-moi comment valoriser ce que je sais faire.

16. Abba : Père ! Enseigne-moi à grandir dans le service accordé aux autres.

17. Abba ! Père ! Enseigne-moi à vivre pour Toi et rien que pour Toi.

18. Abba ! Père ! Enseigne-moi à partager sous la direction du Saint-Esprit.

19. Abba ! Père ! Aide- moi à discerner exactement ce qu'il faut faire, donner à l'intérieur et à l'extérieur de la maison.

20. Abba ! Père ! Accorde-nous la grâce de réaliser parfaitement les bonnes œuvres prévues par Toi

APPROPRIATION PERSONNELLE

	Date :
Thème : COMMENT COMPRENDRE MA DESTINÉE	
SUJETS DE PRIÈRE	**RÉPONSES DE DIEU** *(Comment Dieu a-t-il répondu ? Rêve, vision, verset biblique, intuition, parole, enseignement, pensée, paix, image, anges, etc)*
COUPLE	
PAPA	
MAMAN	
ENFANTS 1	
2	
3	
4	
5	
VIE PROFESSIONNELLE	
VIE MINISTERIELLE	
INTERCESSION : Pays, famille, Corps de Christ	

JOUR 3

LE DANGER DE PASSER À CÔTÉ DE MA DESTINÉE

? PEUT-ON PASSER À CÔTÉ DE SA DESTINÉE ?

Oui, il est possible de passer à côté de sa destinée. En effet, il existe un lien étroit entre la destinée et l'obéissance à Dieu. Si nous sommes dans une attitude de désobéissance ou d'obéissance partielle, nous risquons de passer à côté du plan que le Seigneur a prévu pour nous depuis la fondation du monde. L'exemple de Samson, juge en Israël, est édifiant. Bien qu'il ait été rempli du Saint-Esprit et consacré à l'Éternel depuis le sein maternel **(Juges 13 :7),** il n'a pas personnellement consacré sa vie à Dieu. Il s'est laissé distraire par les femmes et n'a pas réalisé les exploits que Dieu avait prévus pour lui. Il est écrit dans **Juges 13 :7-8 : « Tu vas devenir enceinte et tu enfanteras un fils… cet enfant sera consacré à Dieu dès le ventre de sa mère jusqu'au jour de sa mort. »**

Cette histoire nous enseigne plusieurs leçons :

- ✂ Les mamans enceintes doivent consulter Dieu pour recevoir les directives en faveur de leurs enfants.
- ✂ Une fois que nous avons reçu de Dieu la destinée de l'enfant, nous avons la lourde responsabilité de veiller à sa réalisation.
- ✂ L'enfant a la lourde responsabilité de suivre la voie prescrite par Dieu pour accomplir les desseins divins.

Je confesse que les jeunes filles, les jeunes mamans et les jeunes femmes enceintes reçoivent la destinée et le plan de chacun de leurs enfants, et réalisent cette destinée selon le timing de Dieu, au nom puissant de Jésus. Amen !

❓ | PEUT-ON REVENIR SUR SA DESTINÉE APRÈS UN ÉCHEC ?

Oui, il est possible de revenir sur sa destinée après des erreurs et des fautes. Abraham est un exemple inspirant. Il s'est trompé en ayant Ismaël avec Agar, mais malgré cette erreur, le Seigneur ne l'a pas abandonné. Il l'a aidé à retrouver le plan principal qu'Il avait pour lui, c'est-à-dire avoir Isaac, l'enfant de la promesse. Je prie pour que tous ceux qui sont sortis du chemin de leur destinée puissent revenir à Dieu avec simplicité, au nom puissant de Jésus. Cependant, il faut se méfier du mensonge du diable qui vous fera croire que c'est trop tard ou qui vous maintiendra dans l'ignorance.

Il est essentiel de :
1. Se repentir de ses erreurs passées et se convertir.
2. Repartir sur de nouvelles bases.
3. Rester dans le timing de Dieu.

Comme nous le voyons dans l'exemple du roi Saül, il est important de ne pas attendre trop longtemps pour se repentir. Dieu avait déjà rejeté Saül qui s'était compromis et choisi David comme roi selon son cœur. Nous comprenons la nécessité d'être où Dieu veut que nous soyons, de faire ce qu'Il veut que nous fassions, et dans le temps prévu par le Tout-Puissant. Je prie pour que le Seigneur nous accorde Sa grâce afin que nous :
1. Découvrions notre destinée.
2. Découvrions la destinée de nos foyers, de nos enfants, de notre famille et de notre maison.
3. Réalisions cette destinée dans le temps prévu par Dieu.

Tout cela pour la seule gloire du Très-Haut, au nom puissant de Jésus. Amen.

Pour réaliser votre destinée, il est essentiel d'être à votre place, celle que Dieu a prévue pour vous depuis la fondation du monde.

Nous allons explorer une dizaine de signes qui indiquent que vous êtes sur le point de passer à côté de votre destinée. Examinez-les avec objectivité et dans une attitude de cœur remplie d'obéissance à Dieu.

❧ Signe 1 : Vous agissez contre la volonté de Dieu.

Votre volonté est contraire à celle de Dieu. C'est ce qui est arrivé au roi Saül, qui a été rejeté par Dieu au profit de David **(1 Samuel 16 :1)**.

❧ Signe 2 : La sécheresse spirituelle

Vous ressentez une vie de prière et de méditation monotones et sans vie. C'est ce qui est arrivé à Salomon, qui a perdu son intimité avec Dieu à cause de ses compromis religieux.

❧ Signe 3 : La stagnation

Vous ne progressez pas, vous êtes sur place. Les choses n'avancent pas, et vous avez l'impression de ne servir qu'à accompagner les autres.

❧ Signe 4 : Le cœur est distrait.

Vous avez du mal à vous concentrer sur l'essentiel dans votre ministère ou votre destinée. Vous préférez ce qui se passe ailleurs.

❧ Signe 5 : L'absence de fruits

Malgré vos efforts, les résultats escomptés ne sont pas proportionnels aux sacrifices. Vous commencez à vous décourager et à croire que les autres sont meilleurs que vous.

❧ Signe 6 : Tout est forcé.

Les choses semblent complexes et compliquées. Notons néanmoins que David, Joseph et Paul n'ont jamais rien forcé en ce qui concerne leur destinée.

❧ Signe 7 : La faveur divine est absente

La faveur imméritée de Dieu n'est pas présente. Vous fournissez beaucoup d'efforts sans récolter les fruits escomptés.

❧ Signe 8 : Un environnement défavorable

Les choses sont hostiles à votre épanouissement et à votre développement. Vos talents ne sont pas sollicités, et vous ressentez un sentiment d'inutilité.

❧ Signe 9 : L'amotivation persiste

Vous manquez de motivation, soit intrinsèque, soit extrinsèque.

❧ Signe 10 : La perte de la joie de vivre

La perte de la joie de vivre est permanente. Vous vous posez la question de savoir pourquoi vous vivez et pourquoi vous êtes sur la terre.

La découverte de la destinée n'est pas un simple jeu mais un véritable enjeu. Nous devons tout faire pour ne pas passer à côté d'elle et si jamais nous sommes déjà hors du plan de Dieu pour nous, la main de Dieu est tendue. Saisissons-la au temps convenable pour ne pas vivre une vie dépourvue de sens.

POINTS DE PRIÈRE

1   Abba ! Père ! Montre-moi comment éviter de passer à côté de ma destinée.

2   Abba ! Père ! Montre-moi les domaines où je suis en dehors de Ton plan.

3   Abba ! Père ! Montre-moi les domaines où mon époux, mon épouse est en dehors de Ton plan.

4   Abba ! Père ! Montre-moi les domaines où mon foyer est en dehors de Ton plan.

5   Abba ! Père ! Montre-moi les domaines où mes enfants sont en dehors de Ton plan.

6   Abba ! Père ! Montre-moi où ma famille est en dehors de Ton plan.

7   Abba ! Père ! Montre-moi les domaines de mes études, mon travail et mon futur mariage où je suis en dehors de Ton plan pour ma vie.

8   Abba ! Père ! Montre-moi les domaines dans lesquels je suis en retard sur le chemin de ma destinée.

9   Abba ! Père ! Montre-moi les domaines où je suis distrait sur le chemin de ma destinée.

10 Abba ! Père ! Montre-moi les pièges à éviter sur le chemin de ma destinée.

11 Abba ! Père ! Ramène-moi dans Ta volonté parfaite dans le voyage de ma destinée.

12 Abba ! Père ! Ramène mes enfants dans Ta volonté parfaite.

13 Abba ! Père ! Ramène mon foyer dans Ta volonté parfaite.

14 Abba ! Père ! Ramène ma famille dans Ta volonté parfaite.

15 Abba ! Père ! Ramène les enfants de Dieu dans Ta volonté parfaite.

16 Abba : Père ! Pardonne-moi mes stagnations et ma sècheresse sur le chemin de ma destinée.

17 Abba ! Père ! Pardonne l'absence de fruits de mes enfants sur le chemin de leur destinée.

18 Abba ! Père ! Pardonne les cœurs distraits dans mon foyer et ma famille sur le chemin de sa destinée.

19 Abba ! Père ! Aide- moi à discerner les domaines où la faveur de Dieu est absente et l'environnement défavorable sur le chemin de sa destinée.

20 Abba ! Père ! Accorde-nous la grâce de réaliser parfaitement notre destinée et que la restauration de la joie de vivre soit notre partage au nom de Jésus.

APPROPRIATION PERSONNELLE

	Date :
Thème : LE DANGER DE PASSER À CÔTÉ DE MA DESTINÉE	
SUJETS DE PRIÈRE	**RÉPONSES DE DIEU** *(Comment Dieu a-t-il répondu ?* *Rêve, vision, verset biblique,* *intuition, parole, enseignement,* *pensée, paix, image, anges, etc)*
COUPLE	
PAPA	
MAMAN	
ENFANTS 1	
2	
3	
4	
5	
VIE PROFESSIONNELLE	
VIE MINISTERIELLE	
INTERCESSION : Pays, famille, Corps de Christ	

JOUR 4

VOTRE DESTINÉE EST SUPÉRIEURE À VOS CAPACITÉS !

Notre destinée qui est le plan divin pour nos vies dépasse généralement nos capacités humaines. Dieu nous appelle à réaliser des choses qui nous semblent impossibles, des défis qui surpassent notre entendement, des missions qui exigent beaucoup plus que ce que nous pensons pouvoir donner. C'est dans cette disproportion qu'il faut comprendre la manifestation de la puissance de Dieu. Paul, l'apôtre était conscient de ses faiblesses et reconnaissait que, dans ses faiblesses, sa force venait de Christ. Il est écrit : **« Je puis tout par celui qui me fortifie » Philippiens 4 :13**. Gédéon, homme timide et issu d'une famille insignifiante fut choisi par Dieu pour libérer Israël des mains des Madianites, **Juges 6.** Alors qu'il doutait de ses capacités, Dieu lui assura Sa présence et lui donna la victoire. C'est en reconnaissant nos limites et en nous appuyant sur la puissance de Dieu que nous pouvons accomplir notre destinée.

La destinée ne se limite pas aux compétences acquises, mais une confiance accordée au Créateur. Dieu utilise des personnes improbables pour accomplir Ses plans, non pas en raison de leurs qualités, mais en raison de leur disponibilité et leur foi. Il est écrit : **« Dieu a choisi les choses folles du monde pour confondre les sages ; Dieu a choisi les choses faibles du monde pour confondre les fortes » 1 Corinthiens 1 : 27.** Moise, bègue et hésitant, fut appelé à parler au Pharaon et à conduire le peuple d'Israël hors d'Egypte. Son handicap devint une plateforme de la manifestation de Sa puissance.

Notre responsabilité consiste à nous abandonner totalement à Dieu. Il faut accepter que notre destinée nécessite une dépendance permanente à la direction du Saint-Esprit. Cette dépendance n'est pas un signe de faiblesse mais un aveu de force. C'est en reconnaissant que nous ne pouvons rien faire que nous ouvrons les portes à la puissance de Dieu et nous permettons à la volonté de Dieu de se réaliser dans nos vies. Avant d'affronter Goliath, David refusa l'armure du roi Saul car il savait que sa force ne résidait pas dans ses capacités physiques mais dans sa foi en Dieu **1 Samuel 17.** Sa confiance lui permit d'accomplir un exploit qui surpassait toutes capacités humaines.

Beaucoup de personnes quitteront cette terre sans avoir réalisé leur destinée simplement parce qu'elles se sentent incapables et que l'œuvre leur semble trop élevée. Mais **Dieu ne nous choisit pas en fonction de nos capacités, mais pour nous qualifier personnellement.** L'exemple de Moïse est inspirant. Lorsque Dieu lui a confié la mission de libérer les Hébreux, Moïse a objecté : **« Mais Seigneur, je ne sais pas parler, je ne suis pas éloquent » Exode 4 :10.** Il se sentait disqualifié. Pourtant, Dieu l'a encouragé en lui disant que son frère Aaron serait là pour l'aider. D'autres personnages bibliques ont éprouvé des sentiments similaires :
-   Gédéon se considérait comme membre de la tribu la plus pauvre **(Juges 6 :15)**.
-   Jérémie se sentait trop jeune et inexpérimenté **(Jérémie 1 :6).**

Tous ces personnages partagent un dénominateur commun : ils avaient placé leur confiance en eux-mêmes, en leur propre force et leurs propres capacités, plutôt qu'en Dieu. Mais Dieu nous dit : **« Je ne te demande pas d'être capable, je te demande de me faire confiance ».** Il nous qualifie personnellement pour réaliser notre destinée. Il est temps de changer de perspective et de comprendre que notre destinée est supérieure à nos capacités. Dieu nous appelle à dépasser nos limites et à nous appuyer sur Sa puissance pour opérer dans le surnaturel.

☙ La destinée dépasse nos capacités

La destinée que Dieu a prévue pour nous dépasse nos capacités humaines. Si nous croyons que nous pouvons la réaliser avec nos seules ressources, alors **elle cesse d'être de Dieu**. L'exemple de Paul est un excellent guide : **« C'est pourquoi je me plais dans les faiblesses, dans les outrages, dans les calamités, dans les persécutions, dans les détresses, pour Christ, car quand je suis faible, c'est alors que je suis fort »** 2 **Corinthiens 12 :10**. Pour accomplir pleinement sa destinée, **il faut être dépassé** et reconnaitre que Dieu est la source de notre force. David, Josué et Gédéon sont des exemples de personnages bibliques qui ont été dépassés par leur mission, mais qui ont trouvé la force de Dieu pour la réaliser. Un conseil cardinal que nous devons prendre en considération consiste à **faire ce que nous sommes capable de faire et laissez Dieu réaliser Ses impossibilités au travers de nous.** Dieu n'est jamais dépassé et a toujours la solution à tout. N'hésitez plus, entrez dans votre destinée maintenant en commençant par faire ce que Dieu veut que vous fassiez.

Il est écrit : **« Ne t'ai-je pas donné cet ordre : fortifie-toi et prends courage ? Ne t'effraie point et ne t'épouvante point, car l'Éternel ton Dieu est avec toi dans tout ce que tu entreprendras » Josué 1 :9**. Que cette parole d'encouragement soit notre partage au nom puissant de Jésus ! Je vous exhorte à commencer à faire ce que Dieu veut que vous fassiez, quel que soit le secteur d'activités. Allez sans crainte et obéissez à la voix de Dieu.

POINTS DE PRIÈRE

1   Abba ! Père ! Je reconnais que je ne peux pas réaliser Ton œuvre avec mes propres forces.

2   Abba ! Père ! Je reconnais que c'est dans mes faiblesses que Ta puissance s'accomplit.

3   Abba ! Père ! Je reconnais ma finitude et Ton infinitude dans la réalisation de Ton plan.

4   Abba ! Père ! Je reconnais que mes forces humaines sont limitées sur le chemin de ma destinée. .

5   Abba ! Père ! Montre-moi comment me comporter pour rester à ma place dans le processus de réalisation de ma destinée.

6   Abba ! Père ! Montre-moi comment faire ma part sans toutefois me compromettre.

7   Abba ! Père ! Montre-moi comment faire ma part sans prendre Ta place.

8   Abba ! Père ! Montre-moi comment travailler sans me sous-estimer.

9   Abba ! Père ! Montre-moi comment travailler sans me tromper sur Tes repères.

10   Abba ! Père ! Montre-moi comment me relever après la trahison des faux frères et de fausses soeurs.

11   Abba ! Père ! Remplis-moi de Ton onction pour réaliser ma destinée.

12   Abba ! Père ! Remplis-moi de Ton onction qui me donnè l'équipement pour la mission.

13   Abba ! Père ! Remplis-moi de Ton onction qui brise le joug des maladies.

14   Abba ! Père ! Remplis-moi de Ton onction qui me délivre de mes adversaires.

15   Abba ! Père ! Remplis-moi de Ton onction qui me propulse sur le territoire de ma destinée.

16   Abba : Père ! Remplis-moi de Ton onction qui me distingue dans ma génération.

17   Abba ! Père ! Remplis-moi de Ton onction qui m'ouvre les portes de ma destinée.

18   Abba ! Père ! Remplis-moi de Ton onction pour exceller dans le salut des âmes.

19   Abba ! Père ! Remplis-moi de Ton onction pour affermir les âmes.

20   Abba ! Père ! Remplis-moi de Ton onction pour me multiplier selon Ton   timing.

APPROPRIATION PERSONNELLE

	Date :
Thème : VOTRE DESTINÉE EST SUPÉRIEURE À VOS CAPACITÉS	
SUJETS DE PRIÈRE	RÉPONSES DE DIEU *(Comment Dieu a-t-il répondu ?* *Rêve, vision, verset biblique,* *intuition, parole, enseignement,* *pensée, paix, image, anges, etc)*
COUPLE	
PAPA	
MAMAN	
ENFANTS 1	
2	
3	
4	
5	
VIE PROFESSIONNELLE	
VIE MINISTERIELLE	
INTERCESSION : Pays, famille, Corps de Christ	

L'ÉDUCATION ET LA DESTINÉE

L'éducation et la destinée ne sont pas incompatibles. L'éducation est capitale et cruciale pour notre destinée. L'éducation est une arme puissante et efficace pour la transformation d'un individu. Après trois années de formation auprès du Seigneur Jésus, Pierre a expérimenté une métamorphose extraordinaire. Paul était un homme hautement éduqué et il parlait plusieurs langues. Grâce à son éducation, il a influencé beaucoup plus que les disciples qui étaient avec Jésus. **S'éduquer, c'est se former.** La formation multidimensionnelle est un atout pour entrer pleinement dans notre destinée. C'est pourquoi, nous ne devons pas sous-estimer notre éducation et encore moins la limiter. Une nouvelle langue, une valeur ajoutée, un équipement en outil informatique, une recherche dans un domaine quelconque etc constituent des atouts incommensurables dans la réalisation de notre destinée. Autant que cela est possible, allez plus loin dans votre éducation dans la direction du Saint-Esprit.

L'éducation et votre destinée sont liées et inter reliées d'une manière directe ou indirecte. Le célèbre physicien Albert Einstein disait avec raison que **« la science sans la religion est boiteuse et la religion sans la science est aveugle ».** C'est dire qu'il y'a un rapport étroit entre la science et la foi. Dieu n'est-il pas le Dieu de la science? La crainte de l'Éternel n'est- elle pas le commencement de la sagesse ? Ainsi, la science et la religion sont très compatibles et indispensables pour l'équilibre des hommes. Il est écrit à cet effet : **« à cause de cela même, faites tous vos efforts pour joindre à votre foi, la vertu, à la vertu la science, à la science la** tempérance, à la tempérance la patience, à la patience la piété, à la piété l'amour fraternel la charité. Car si ces choses sont en vous, et y sont en abondance, elles ne vous laisseront point oisifs ni stériles pour la connaissance de notre Seigneur Jésus- Christ. Mais celui en qui ces choses ne sont point est aveugle, il ne voit pas de loin, et il a mis en oubli la purification de ses péchés » 2 Pierre 1: 5-9.

ଔ L'éducation est un accélérateur du potentiel divin en vous

L'éducation formelle, informelle ou spirituelle est un puissant accélérateur dans la réalisation de nos destinées. Elle nous fournit des compétences et des connaissances ainsi que les perspectives pour comprendre le monde qui nous entoure pour développer notre potentiel et pour répondre à l'appel de Dieu avec efficience. Il est écrit : « **Acquiers la sagesse, acquiers l'intelligence ; n'oublie pas les paroles de ma bouche, et ne t'en détourne pas « Proverbes 4 :5.** Le roi Salomon, connu pour sa sagesse, demanda à Dieu la sagesse pour gouverner son peuple**1 Rois 3.** Dieu répondit favorablement à sa requête et il devint un roi sage et prospère.

L'éducation ne se limite pas à l'acquisition des connaissances, elle renvoie également au développement du caractère. Elle nous équipe des qualités telles que le respect, la responsabilité, la loyauté, la bonne citoyenneté, la bienveillance, la critique, la créativité qui sont des valeurs qui nous permettent de surmonter les obstacles et pour saisir des opportunités que Dieu place sur notre chemin. Daniel et ses compagnons excellents dans les sciences et les études furent choisis pour servir à la cour du roi Nebucadnetsar, **Daniel 1.** Leur éducation leur permit non seulement de conseiller le roi mais aussi d'influencer positivement la nation. Ainsi, en investissant dans notre éducation, nous investissons dans notre capacité à servir Dieu et à impacter le monde.

❓ FOI ET ÉDUCATION SONT-ELLES INCOMPATIBLES ?

Les avantages d'une bonne éducation en connexion avec notre foi et notre destinée sont nombreux. Il s'agit entre autres de :

✓ La foi apporte une force intérieure importante et une direction à l'individu, ce qui peut l'aider à rester motivé et concentré sur ses objectifs éducatifs.

✓ La foi peut également offrir un sens de la vie et de la destinée, ce qui peut inspirer l'individu à poursuivre ses études avec un but précis en tête, une vision.

✓ L'éducation peut également éclairer l'individu sur la façon dont sa foi peut être appliquée dans la vie quotidienne, ce qui peut l'aider à devenir une personne plus aimable et utile pour la société.

✓ Enfin, l'éducation peut aider l'individu à développer des compétences et des connaissances qui peuvent l'aider à atteindre sa destinée et à réaliser ses rêves dans la perspective divine. Ainsi, l'éducation et la foi peuvent être très complémentaires et compatibles et peuvent aider l'individu à atteindre son plein potentiel et à réaliser sa destinée.

෪ Science et destinée

La science peut contribuer grandement à la destinée humaine de plusieurs manières :

1. **Comprendre le monde qui nous entoure :** La science nous permet d'appréhender les phénomènes naturels, les lois de la physique, la biologie, etc. Ce qui nous permet de mieux saisir notre place dans l'univers.

2. **Amélioration de la qualité de vie :** Grâce aux avancées scientifiques, nous avons accès à des soins médicaux, des technologies, des innovations qui améliorent notre qualité de vie sous la houlette du Tout Puissant.

3. **Prise de décision éclairée :** La science nous fournit des

données et des preuves qui nous amènent à prendre des décisions éclairées pour notre avenir.

4. **Développement durable** : La science nous aide à comprendre et à évaluer l'impact de nos actions sur l'environnement et à trouver des solutions pour un avenir plus durable.

5. **Exploration spatiale** : La science nous permet d'explorer l'espace et de découvrir de nouveaux mondes, ce qui peut potentiellement changer notre compréhension de la destinée humaine et mieux adorer le Dieu de création.

6. **Médecine et santé** : La science médicale nous permet de comprendre le fonctionnement du corps humain, de développer des traitements et des médicaments pour améliorer notre santé avec un esprit de sagesse qui ne peut provenir que de notre Dieu qui a créé le ciel et la terre.

7. **Technologie et innovation** : La science nous permet de développer de nouvelles technologies qui peuvent changer notre vie quotidienne et notre avenir.

En conclusion, la science peut grandement contribuer à la destinée humaine en nous aidant à comprendre le monde, à améliorer notre qualité de vie, à prendre des décisions éclairées, à développer durablement, à explorer l'espace, à améliorer notre santé et à innover et surtout à réaliser le plan parfait de Dieu pour notre vie.

POINTS DE PRIÈRE

1 Abba ! Père ! Oriente-moi en ce qui concerne le choix de ma filière et le choix professionnel.

2 Abba ! Père ! Montre-moi les erreurs que j'ai commises dans mon orientation scolaire et académique.

3 Abba ! Père ! Montre-moi comment corriger ces erreurs et donne-moi la force de faire ce qui Te convient.

4 Abba ! Père ! Réoriente-moi.

5 Abba ! Père ! Donne-moi la force d'accepter Ta réorientation.

6 Abba ! Père ! Montre-moi comment faire pour ajuster où je me suis trompé(e).

7 Abba ! Père ! Montre-moi comment faire pour Te consulter avant d'opérer des choix et réorienter mes enfants.

8 Abba ! Père ! Montre-moi comment donner à mon éducation une portée céleste.

9 Abba ! Père ! Montre-moi comment travailler en synergie avec Toi pour construire mon éducation et celle de mes enfants.

10 Abba ! Père ! Montre-moi la voie royale pour mon éducation et celle de mes enfants afin de réaliser Te projets pour ma vie et celle de ma famille.

11 Abba ! Père ! Remplis-moi de Ton onction pour que je voie le lien entre mon éducation et ma destinée.

12 Abba ! Père ! Remplis-moi de Ton onction pour que je comprenne le sens profond de l'éducation dans la perspective divine.

13 Abba ! Père ! Remplis-moi de Ton onction qui ouvrira les portes de mon éclosion multidimensionnelle.

14 Abba ! Père ! Remplis-moi de Ton onction qui me distingue pendant mon éducation et celle de mes enfants.

15 Abba ! Père ! Remplis-moi de Ton onction qui me propulse grâce à l'éducation que je reçois de Toi, de mes parents et des autres personnes.

16 Abba : Père ! Remplis-moi de Ton onction qui me distingue par une éducation raffinée et le développement du bon caractère.

17 Abba ! Père ! Remplis-moi de Ton onction qui m'aide à mieux éduquer mes enfants en étant un exemple de parents.

18 Abba ! Père ! Remplis-moi de Ton onction pour exceller dans les différents domaines de la vie en associant éducation et discipolat.

19 Abba ! Père ! Remplis-moi de Ton onction pour affirmer ma personnalité spirituelle dans les différents domaines de la vie.

20 Abba ! Père ! Remplis-moi de Ton onction afin que je puisse laisser un saint héritage à mes enfants biologiques et spirituels.

APPROPRIATION PERSONNELLE

	Date :
Thème : L'ÉDUCATION ET LA DESTINÉE	
SUJETS DE PRIÈRE	**RÉPONSES DE DIEU** *(Comment Dieu a-t-il répondu ?* *Rêve, vision, verset biblique,* *intuition, parole, enseignement,* *pensée, paix, image, anges, etc)*
COUPLE	
PAPA	
MAMAN	
ENFANTS 1	
2	
3	
4	
5	
VIE PROFESSIONNELLE	
VIE MINISTERIELLE	
INTERCESSION : Pays, famille, Corps de Christ	

JOUR 6

MA DESTINÉE NATURELLE EST-ELLE EN CONFLIT AVEC MA DESTINÉE DIVINE ?

Généralement, on distingue deux types de destinée :
- la destinée naturelle,
- la destinée divine.

¤ **La destinée naturelle** renvoie à votre formation, éducation, travail séculier.

Jérémie était sacrificateur dans sa destinée naturelle tout comme vous pouvez être médecin, enseignant, ingénieur, etc. La Bible exprime mieux cette pensée ainsi: **« Paroles de Jérémie, fils de Hilkija, l'un des sacrificateurs d'anathoth, dans le pays de Benjamin » Jérémie 1:1.** Jésus était charpentier dans sa destinée naturelle. Le verset biblique qui mentionne que Jésus était charpentier est **Marc 6:3 : « N'est-il pas le charpentier, le fils de Marie, et ne sont-ils pas ses frères, Jacques, Joseph, Jude et Simon ? Et ne sont-elles pas ses sœurs ici parmi nous ? »** Dans ce verset, Jésus est décrit comme un charpentier, ce qui signifie qu'il travaillait avec du bois pour créer des objets ou des structures. Il est intéressant de noter que Jésus a probablement appris ce métier de son père nourricier et adoptif, Joseph, qui était également un charpentier. Pour certains hommes de Dieu, l'onction de Dieu descend uniquement sur la destinée divine. Je ne partage pas cette façon de voir car notre travail est un outil pour faire l'évangélisation et le discipolat. Joseph, fils de Jacob est un exemple patent d'un homme qui a bouleversé le monde grâce à sa destinée naturelle. La vie de Daniel nous inspire dans le même sens.

☒ **La destinée divine :** Jérémie est prophète dans sa destinée divine.

Il est écrit : « **avant que je ne t'eusse formé dans le ventre de ta mère, je te connaissais, et avant que tu fusses sorti de son sein, je t'avais consacré, je t'avais établi prophète des nations » Jérémie 1:5.** Et Dieu renchérira sa mission ainsi: **« Regarde, je t'établis aujourd'hui sur les nations et sur les royaumes pour que tu arraches, et que tu abattes, pour que tu ruines et que tu détruises, pour que tu plantes » Jérémie 1:10.** Quant à Jésus, sa destinée divine consistait à sauver les nations. Luc parle de la destinée du sauveur de l'humanité en ces termes : **« l'Esprit du Seigneur est sur moi, parce qu'il m'a oint pour annoncer la bonne nouvelle aux pauvres, il m'a envoyé pour guérir ceux qui ont le cœur brisé, pour proclamer aux captifs la délivrance, et aux aveugles le recouvrement de la vue, pour renvoyer libres les opprimés, pour publier une année de grâce du Seigneur » Luc 4:17-18.** Tout porte à croire que, si Jésus était demeuré charpentier, il n'aurait pas réalisé tous les miracles en étant sur le bois. Autrement dit, il était oint pour le salut des nations et non pour la menuiserie. Mais Dieu reste souverain car **la destinée naturelle n'est pas négative.** Il est vrai que **la destinée naturelle a une fin qui vient avec le temps et l'âge mais la destinée divine ne finit pas du moment où nous n'allons pas en retraite avec Dieu.** Au contraire, notre éducation, formation, travail séculier et notre environnement nous prédisposent à réaliser notre destinée divine. Ainsi, la destinée naturelle et la destinée divine sont complémentaires. Aux deux destinées énumérées ci-dessus, j'ajouterai une troisième à savoir **la destinée humaine.**

☒ **La destinée humaine :** La destinée humaine intervient dès lors que nous ne sommes ni dans la destinée naturelle ni dans la destinée divine.

Il est possible de sortir de sa destinée comme Saül et continuer de vivre sans se soucier du plan de Dieu. Ainsi parle l'Éternel : **« mon peuple a commis un double péché : ils m'ont abandonné, moi qui suis une source d'eau vive, pour se creuser des citernes, des citernes crevassées qui ne retiennent pas de l'eau » Jérémie 2:13.** Étant donné que la destinée n'est pas une simple destination, mais un processus, un voyage, il peut arriver qu'on y sorte pour un temps. Ce fut le cas d'Abraham qui a été racheté par Dieu après avoir fait Ismaël qui n'était pas la volonté parfaite de Dieu pour lui. Il est dangereux de sortir de sa destinée et d'y demeurer car **la présence de Dieu est tout et hors de sa présence, c'est le chaos total.** Revenez au plan parfait de Dieu pour votre vie si vous êtes en dehors de ce que Dieu a prévu pour vous par le processus d'une repentance authentique. Saül est sorti du plan de Dieu mais il ne s'est pas repenti. Samson est sorti du plan de Dieu. Il était destiné à combattre les Philistins mais il a perdu le combat car il a joué avec l'onction et le revêtement de Dieu sur sa vie. Après la confession sincère de ses péchés, Dieu l'a restauré et il a détruit plus de Philistins que durant toute sa vie. Êtes-vous dans le plan parfait de Dieu pour votre vie ?

La destinée humaine est un concept complexe qui peut être abordé sous différents angles. Nous allons explorer la relation entre la destinée naturelle, la destinée divine et la destinée humaine. La destinée naturelle est liée à notre formation, éducation, travail séculier. C'est la voie que nous suivons dans notre vie quotidienne, influencée par nos expériences, nos choix et nos circonstances.

La destinée divine, quant à elle, est liée à notre mission et notre appel spirituel. C'est la voie que Dieu a prévue pour nous, et qui nous permet de réaliser notre plein potentiel et de jouer notre rôle dans le plan de Dieu.

La destinée humaine intervient lorsque nous sortons de notre destinée naturelle et divine, et que nous vivons sans nous soucier du plan de Dieu pour notre vie. C'est une voie qui peut nous mener à l'échec, à la souffrance et à la perte de notre identité.

Les exemples bibliques de Jérémie, Jésus, Saül et Samson illustrent ces concepts. Jérémie, par exemple, était appelé à être prophète, mais il a dû suivre une formation et une éducation pour préparer son ministère. Jésus, quant à lui, était appelé à sauver le monde, mais il a dû suivre une formation et une éducation pour préparer son ministère. Il est important de noter que **la destinée naturelle et la destinée divine ne sont pas incompatibles, mais plutôt complémentaires.** Notre formation, éducation et travail séculier peuvent nous aider à réaliser notre mission et notre appel spirituel.

Enfin, il est important de se demander si nous sommes dans le plan parfait de Dieu pour notre vie. Si nous sommes sortis de notre destinée naturelle et divine, il est important de nous repentir et de revenir au plan de Dieu pour notre vie.

POINTS DE PRIÈRE

1 Abba ! Père ! Montre-moi que ma destinée naturelle n'est pas en compétition et encore moins en conflit avec la destinée divine.

2 Abba ! Père ! Montre-moi les erreurs relatives à ma destinée naturelle que j'ai commises et comment les réparer pour mieux orienter les autres personnes

3 Abba ! Père ! Donne-moi la force de faire ce que Tu avais prévu dans Ton plan parfait pour moi.

4 Abba ! Père ! Montre-moi les atouts de ma destinée naturelle et comment les valoriser au point d'atteindre mon plein potentiel.

5 Abba ! Père ! Donne-moi la sagesse nécessaire pour les choix scolaires et académiques de mes enfants.

6 Abba ! Père ! Montre-moi comment faire pour concilier efficacement ma destinée naturelle et ma destinée divine.

7 Abba ! Père ! Montre-moi comment faire pour ne pas séparer le naturel du spirituel dans toutes les dimensions de ma vie et celle de ma famille.

8 Abba ! Père ! Montre-moi comment enter dans ma destinée divine en faisant exactement ce que Tu veux que je fasse et quand Tu le veux.

9 Abba ! Père ! Montre-moi comment travailler en synergie avec Toi pour concilier ma destinée naturelle et ma destinée divine avec brio.

10 Abba ! Père ! Montre-moi la voie royale pour ne pas sortir de ma destinée à cause de mes mauvais choix.

11 Abba ! Père ! Remplis-moi de Ton onction pour que je ne me trompe pas au carrefour de ma destinée.

12 Abba ! Père ! Remplis-moi de Ton onction pour que je comprenne le sens profond de ma mission sur la terre et que

je la réalise.

13 Abba ! Père ! Remplis-moi de Ton onction qui ouvrira les portes de l'éclosion de ma destinée naturelle et ma destinée divine.

14 Abba ! Père ! Remplis-moi de Ton onction qui me distingue pendant que je concilie ma destinée naturelle et ma destinée divine.

15 Abba ! Père ! Remplis-moi de Ton onction qui me propulse grâce à la mise ensemble de ma destinée naturelle et ma destinée divine.

16 Abba : Père ! Remplis-moi de Ton onction qui me distingue et qui me permet de ressortir les avantages attachés à ma destinée naturelle et à ma destinée divine.

17 Abba ! Père ! Remplis-moi de Ton onction qui m'aide à ne pas sortir de ma destinée naturelle et de ma destinée divine.

18 Abba ! Père ! Remplis-moi de Ton onction pour exceller dans les différents domaines de la vie qui demandent mes capacités naturelles et mes capacités surnaturelles.

19 Abba ! Père ! Remplis-moi de Ton onction pour affirmer ma personnalité spirituelle et ma personnalité naturelle comme une seule entité autour du concept de la triple excellence.

20 Abba ! Père ! Remplis-moi de Ton onction afin que je ne tombe dans le piège de ma destinée humaine en sortant de ma destinée naturelle et divine.

APPROPRIATION PERSONNELLE

	Date :
Thème : MA DESTINÉE NATURELLE EST-ELLE EN CONFLIT AVEC MA DESTINÉE DIVINE ?	
SUJETS DE PRIÈRE	**RÉPONSES DE DIEU** *(Comment Dieu a-t-il répondu ? Rêve, vision, verset biblique, intuition, parole, enseignement, pensée, paix, image, anges, etc)*
COUPLE	
PAPA	
MAMAN	
ENFANTS 1	
2	
3	
4	
5	
VIE PROFESSIONNELLE	
VIE MINISTERIELLE	
INTERCESSION : Pays, famille, Corps de Christ	

JOUR 7

LES 20 FAÇONS QUE DIEU UTILISE POUR NOUS PARLER ET NOUS PROPULSER DANS NOTRE DESTINÉE

La communication de Dieu avec les hommes est un mystère qui dépasse notre compréhension. Cependant, nous pouvons affirmer que Dieu utilise plusieurs moyens pour nous parler et nous guider vers notre destinée.

Voici 20 façons que Dieu utilise pour nous parler et nous propulser dans notre destinée :

1. **Les rêves :** Dieu révèle Sa pensée par les rêves. Joseph, le père nourricier et adoptif de Jésus, fut divinement averti de quitter la ville pour le salut de l'enfant Jésus. L'interprétation des rêves a propulsé joseph dans sa destinée.

2. **La prédication** : Dieu nous révèle Sa pensée au travers des prédications. Écoutons les prédications avec une attitude positive. Toute bonne prédication est une grande source d'enrichissement. Quand vous êtes spirituellement mature, vous pouvez saisir les révélations divines à travers des prédicateurs peu convaincants.

3. **Les circonstances :** Dieu peut nous montrer le plan de notre vie par les expériences heureuses et douloureuses de la vie. Les expériences heureuses et douloureuses peuvent constituer la source de nos ministères.

4. **Les conversations** : les conversations sont un puissant moyen par lequel Dieu nous communique Sa volonté parfaite pour nos vies. J'ai personnellement expérimenté des métamorphoses importantes avec Dieu par la prière et les échanges avec les hommes de Dieu oints.

5. **La souffrance :** les moments difficiles sont source de bénédiction. Il est très sage de déceler le message divin qui se cache derrière nos douleurs et nos souffrances. Nos douleurs sont des opportunités pour nous rapprocher de Dieu et mieux Le servir.

6. **Dans le cœur** : Dieu nous met dans le cœur Sa volonté. C'est pourquoi il est écrit : **"Heureux ceux qui placent en toi leur appui ! Ils trouvent dans leur cœur des chemins tout tracés" (Psaumes 84:6).**

7. **Les déserts :** Les déserts renvoient aux moments difficiles et douloureux de nos vies. Dieu les utilise pour nous enseigner et pour se révéler. C'est dans le désert que Dieu donne rendez-vous à son peuple pour Le servir. Le désert peut être vu et perçu comme un lieu de formation et d'adoration.

8. **Les visions :** Le Tout-Puissant est capable de nous mettre sur le chemin de notre destinée quand nous sommes éveillés. Les visions sont une grande source d'inspiration pour moi et pour le ministère.

9. **La prière et la louange :** La présence de Dieu est manifeste dans la prière et la louange car Dieu siège au milieu de la louange de son peuple.

10. **Les conseillers sages :** ils nous prodiguent des conseils

sous la direction du Saint-Esprit.

11. **Sa Parole :** La Parole de Dieu est notre boussole. Elle est la lampe qui nous éclaire.

12. **La prophétie :** Dieu nous communique les choses futures par la prophétie. Nous sommes établis comme des prophètes sur nos familles et nos maisons. Les parents ont l'autorité spirituelle pour bénir leurs enfants. Quand les parents prient pour leurs enfants, le monde ténèbres recule et les portes du ciel s'ouvrent en leur faveur.

13. **Les livres :** la Bible est le livre des livres. C'est une bibliothèque inspirée de Dieu. Elle est la Parole de Dieu, elle ne la contient pas seulement. Je vous exhorte à avoir un système de lecture quotidienne et d'étude personnelle de la Parole de Dieu avec des objectifs précis. Plusieurs autres livres inspirés peuvent nous édifier.

14. **Les vidéos :** Avec les nouvelles technologies de communication, nous pouvons recevoir les directives divines par les vidéos savamment choisies. Faisons bon usage des réseaux sociaux et ne nous limitons pas à les critiquer mais à créer des contenus édifiants pour le corps de Christ.

15. **Les enseignements :** Un seul enseignement inspiré peut vous donner des balises capitales pour discerner clairement la voix de Dieu pour votre mission sur cette terre.

16. **Les conférences et séminaires :** sont nécessaires pour nous conduire sur le chemin de notre destinée naturelle et divine. Les formations continues et progressives sont cruciales pour notre édification et notre croissance.

17. **Les formations :** sont efficaces non seulement pour nous

équiper à la découverte de notre destinée mais également à leur réalisation et leur accompagnement dans le timing de Dieu. Jésus a mis une emphase particulière sur la formation de ses disciples pendant trois bonnes années

18. **Les enfants :** sont des sources de grâces et de bénédiction. Lorsqu'ils sont conduits sur le chemin de leur destinée dès leur tendre âge, ils sont une véritable récompense. Dieu nous parle par les enfants, leur caractère et leur personnalité.

19. **Le conjoint ou la conjointe** : est un canal par lequel Dieu nous parle. La femme de Ponce Pilate, grâce à son rêve, a su mettre en garde son mari en ce qui concerne la sentence de Jésus.

20. **La famille :** il est dit que la famille est vraiment la cellule de base de la société. Lorsque la famille est en bonne santé, toute la société ira bien. La famille où vous vous trouvez est un excellent environnement pour votre édification personnelle et collective.

En conclusion, Dieu utilise plusieurs moyens pour nous parler et nous guider vers notre destinée. Il est important de rester ouverts et réceptifs à Sa voix pour réaliser notre plein potentiel et jouer notre rôle sur cette terre avant de la quitter.

POINTS DE PRIÈRE

1   Abba ! Père ! Montre-moi comment saisir la voix de ma destinée par les rêves.

2   Abba ! Père ! Montre-moi comment saisir la voix de ma destinée par les prédications.

3   Abba ! Père ! Montre-moi comment saisir la voix de ma destinée par les circonstances heureuses ou douloureuses de ma vie.

4   Abba ! Père !   Montre-moi comment saisir la voix de ma destinée par les conversations inspirées.

5   Abba ! Père ! Montre-moi comment saisir la voix de ma destinée par les souffrances qui deviennent pour moi des sources de bénédictions multiformes.

6   Abba ! Père !   Montre-moi comment saisir la voix de ma destinée par les conversations en développant une forte communion intime avec Toi.

7   Abba ! Père !   Montre-moi comment saisir la voix de ma destinée par les déserts de ma vie personnelle, conjugale et familiale.

8   Abba ! Père ! Montre-moi comment saisir la voix de ma destinée par les visions variées.

9   Abba ! Père !   Montre-moi comment saisir la voix de ma destinée par les prières et la louange.

10 Abba ! Père ! Montre-moi comment saisir la voix de ma destinée par les conseillers sages placés autour de moi.

11 Abba ! Père !   Montre-moi comment saisir la voix de ma destinée par les paroles prophétiques.

12 Abba ! Père !   Montre-moi comment saisir la voix de ma destinée par les livres oints des auteurs inspirés.

13 Abba ! Père !   Montre-moi comment saisir la voix de ma destinée par les vidéos inspirés et oints.

14 Abba ! Père !   Montre-moi comment saisir la voix de ma destinée par les enseignements inspirés.

15 Abba ! Père !   Montre-moi comment saisir la voix de ma destinée par les conférences et les séminaires inspirés.

16 Abba : Père ! Montre-moi comment saisir la voix de ma destinée par les formations continues et variées.

17 Abba ! Père !   Montre-moi comment saisir la voix de ma destinée par les enfants qui reçoivent Tes révélations.

18 Abba ! Père !   Montre-moi comment saisir la voix de ma destinée par mon conjoint ou ma conjointe.

19 Abba ! Père !   Montre-moi comment saisir la voix de ma destinée par les Ecritures.

20 Abba ! Père ! Montre-moi comment saisir la voix de ma destinée par les membres de ma famille.

APPROPRIATION PERSONNELLE

	Date :
Thème : FAÇONS QUE DIEU UTILISE POUR NOUS PARLER ET NOUS PROPULSER DANS NOTRE DESTINÉE	
SUJETS DE PRIÈRE	**RÉPONSES DE DIEU** *(Comment Dieu a-t-il répondu ? Rêve, vision, verset biblique, intuition, parole, enseignement, pensée, paix, image, anges, etc)*
COUPLE	
PAPA	
MAMAN	
ENFANTS 1	
2	
3	
4	
5	
VIE PROFESSIONNELLE	
VIE MINISTERIELLE	
INTERCESSION : Pays, famille, Corps de Christ	

8

JOUR 8

LE TEMPS ET LA DESTINÉE

Le temps est une ressource précieuse et irremplaçable, C'est un don divin que nous sommes appelés à gérer avec sagesse pour accomplir notre destinée dans le timing de Dieu. La manière dont nous gérons notre temps reflète nos priorités, nos valeurs, et notre engagement avec la volonté de Dieu. Le principe d**u cadran important et pas urgent,** popularisé par Stephen Covey, offre un puissant cadre pour organiser notre temps de manière efficace et pour se concentrer sur les activités qui contribuent à la réalisation de notre destinée. Ce cadran nous aide à faire la différence entre **les tâches importantes** (qui contribuent à la réalisation de nos objectifs à long terme et à notre bien-être) et **les tâches urgentes** (qui nécessitent notre attention immédiate).

Nous n'avons pas besoin des urgentes pour réaliser l'appel de Dieu dans nos vies. L'accent doit être sur les tâches importantes et non sur les tâches urgentes. C'est pourquoi c'est dans le cadran important et pas urgent que se trouve la clé pour réaliser notre destinée. Ce cadran englobe les activités de planification, de prévention, de développement personnel, de constructions des relations et du développement d'une intimité profonde avec Dieu. Malheureusement, ce sont des activités qui sont généralement négligées au profit des urgences. Les tâches importantes contribuent à notre croissance spirituelle, notre efficacité et notre capacité à répondre à l'appel de Dieu. En nous investissant dans les tâches importantes, nous contribuons à construire notre avenir et à répondre à l'appel de Dieu.

Notre responsabilité consiste à dire non aux activités urgentes et superflues pour nous consacrer à ce qui est important et pas urgent. La discipline, la planification et la clarté sur nos priorités sont nécessaires. Il s'agit de définir les objectifs clairs, de dresser un emploi de temps réaliste de déléguer ou éliminer des tâches qui ne contribuent pas à notre destinée. En maitrisant l'art de prioriser, nous pouvons transformer notre temps en un allié puissant et vivre une vie plus productive, plus significative et alignée avec la volonté e Dieu. En structurant son temps selon le modèle **« important et pas urgent »**, Néhémie a pu reconstruire les murailles de Jérusalem en un temps relativement court malgré l'opposition. Néhémie a su prioriser l'important sur l'urgent et déléguer les tâches pour attendre son objectif.

La bonne gestion du temps est une entreprise complexe qui nécessite une grande maîtrise des principes divins relatifs au temps. Il n'est pas toujours facile de bien gérer son temps de manière à rendre fidèlement compte à Dieu quand il reviendra. La vérité est que, nous avons le même temps, et c'est sa gestion qui fait la différence. Ceux qui réalisent plus sont sans doute ceux qui ont une bonne maîtrise du temps. Dieu, qui est le créateur du temps, a une excellente maîtrise du temps. Il nous l'a démontré en fixant les objectifs pour chaque jour dans le récit de la création. Sa façon de planifier chaque journée nous inspire et nous amène à travailler par objectifs pour racheter le temps, d'autant plus que les jours sont mauvais. Cette haute organisation divine associe travail et repos pour une efficience à nulle autre pareille. C'est également une interpellation à fuir les personnes et les activités chronophages.

Fondée sur la planification divine, j'ai compris qu'un jour est une vie. Contrairement à la tradition humaine qui veut que nous comptions nos années, nous devons nous exercer à compter nos jours. Cette idée est mieux exprimée par le psalmiste dans le **Psaume 90:12.** Il y est écrit : **« Enseigne-nous à bien compter nos jours afin que nous appliquions nos cœurs à la sagesse ».**

Il est question de bien compter ses jours, ce qui implique de manière implicite qu'on peut mal compter ses jours. La bonne nouvelle est la suivante : nous n'avons aucun contrôle sur le temps qui passe, mais nous avons le pouvoir extraordinaire de **le diriger à bon escient**.

La bonne gestion de notre temps est un atout incommensurable en ce sens que Dieu ne créera pas la 25e heure pour un potentiel rattrapage. Le dilemme qu'engendre la gestion du temps est une difficulté réelle pour plusieurs. Nous pouvons illustrer ce dilemme par l'attitude de deux sœurs. Il est écrit : **« Comme Jésus était en chemin avec ses disciples, et une femme, nommée Marthe, le reçut dans sa maison. Elle avait une sœur, nommée Marie, qui, s'étant assise aux pieds du Seigneur, écoutait sa Parole. Marthe, occupée à de divers soins domestiques, survint et dit : Seigneur, cela ne te fait-il rien que ma sœur me laisse seule pour servir ? Dis-lui donc de m'aider. Le Seigneur lui répondit : "Marthe, Marthe, tu t'inquiètes et tu t'agites pour beaucoup de choses. Une seule chose est nécessaire. Marie a choisi la bonne part qui ne lui sera point ôtée. » (Luc 10:38-42).** Le meilleur investissement que nous pouvons effectuer est celui d'investir notre temps dans les choses célestes qui sont éternelles et non dans les choses terrestres qui sont éphémères.

Il existe deux formes de temps : le temps chronos et le temps kaïros. Les deux types de temps sont nécessaires pour la réalisation de notre destinée. Plusieurs expérimentent la crise de la quarantaine car ils n'ont pas vécu ce qu'ils devraient. Ils sont sous pression du temps et le subissent. On jette un regard dans le passé et on ne voit pas réellement ce qui a été réalisé, et l'avenir ne nous garantit pas grand-chose. Quand nous étions plus jeunes, nous avions l'habitude de dire que **« le temps passé ne se rattrape jamais »**, une autre façon de réitérer que **si on perd l'argent, on peut le retrouver, mais si on perd le temps, il est totalement impossible de le retrouver**. Seigneur, apprends-nous à investir notre temps avec sagesse. Le secret de la bonne gestion du temps en rapport avec notre destinée consiste à vivre selon **Matthieu 6:33** et non 1 **Jean 2:14-15**. Nous devons avoir un sens élevé des priorités, car nous aurons toujours une panoplie de défis à relever.

POINTS DE PRIÈRE

1 Abba ! Père ! Enseigne-moi à compter mes jours afin de bien investir mon temps.

2 Abba ! Père ! Montre-moi comment définir les objectifs à court, moyen et long terme.

3 Abba ! Père ! Montre-moi comment définir et réaliser les objectifs éternels de ma vie en devenant un adorateur, un pacificateur, un imitateur du caractère de Christ, un serviteur et un missionnaire.

4 Abba ! Père ! Montre-moi comment saisir définir les priorités de ma vie.

5 Abba ! Père ! Montre-moi comment saisir la valeur du temps selon la perspective divine.

6 Abba ! Père ! Montre-moi comment investir sagement mon temps, mon talent et mon trésor.

7 Abba ! Père ! Montre-moi comment saisir la profondeur du lien qui existe entre le temps et la destinée.

8 Abba ! Père ! Montre-moi comment racheter le temps pour accomplir Ton plan dans toutes les dimensions de ma vie.

9 Abba ! Père ! Montre-moi comment saisir la profondeur de la corrélation entre le temps et ma destinée.

10 Abba ! Père ! Montre-moi comment saisir les différentes saisons de ma destinée.

11 Abba ! Père ! Montre-moi comment éviter les urgences pour m'investir dans les choses importantes dans le but de réaliser Ton plan parfait.

12 Abba ! Père ! Montre-moi comment faire la différence entre les choses prioritaires et les choses secondaires.

13 Abba ! Père ! Montre-moi comment m'investir dans les choses célestes.

14 Abba ! Père ! Montre-moi comment fuir les activités et les

personnes chronophages.

15 Abba ! Père ! Montre-moi comment dresser un emploi de temps réaliste et le réaliser.

16 Abba : Père ! Montre-moi comment devenir maître de mon temps.

17 Abba ! Père ! Montre-moi comment diriger le temps sans toutefois le subir.

18 Abba ! Père ! Montre-moi comment saisir la perspective céleste du temps afin de donner un sens à toutes mes entreprises.

19 Abba ! Père ! Montre-moi comment développer le sens de la diligence pour dominer et diriger le temps.

20 Abba ! Père ! Montre-moi comment vivre avec une perspective céleste et comment donner aux choses terrestres une perspective divine.

APPROPRIATION PERSONNELLE

	Date :
Thème : LE TEMPS ET LA DESTINÉE	

SUJETS DE PRIÈRE	RÉPONSES DE DIEU *(Comment Dieu a-t-il répondu ? Rêve, vision, verset biblique, intuition, parole, enseignement, pensée, paix, image, anges, etc)*
COUPLE	
PAPA	
MAMAN	
ENFANTS 1	
ENFANTS 2	
ENFANTS 3	
ENFANTS 4	
ENFANTS 5	
VIE PROFESSIONNELLE	
VIE MINISTERIELLE	
INTERCESSION : Pays, famille, Corps de Christ	

9

JOUR 9

LE POUVOIR DES ATTENTES DANS LA RÉALISATION DE LA DESTINÉE

Nous passons une bonne partie de notre vie à attendre. Oui, attendre une promotion professionnelle ou spirituelle, la célébration d'un mariage, la réussite à un examen, un concours, la naissance d'un bébé, etc. Il est très difficile d'attendre, surtout lorsqu'on ne sait pas quand sera la fin du processus lent et douloureux. Bien que l'attente soit douloureuse, **elle fait partie intégrante du plan de Dieu pour nos vies**. Ce n'est pas une opportunité de donner raison aux personnes négligentes, paresseuses et laxistes qui ne s'organisent pas et qui ne planifient pas leur travail. Autrement dit, Dieu utilise les temps d'attente pour nous bâtir et nous équiper.

C'est dans cette dynamique qu'il faut comprendre Dieu quand il s'adresse à Habacuc : **« L'Éternel m'a adressé la parole, et il dit : Écris la prophétie ; grave-la sur des tables, afin qu'on la lise couramment. Car c'est une prophétie dont le temps est déjà fixé, elle marche vers son terme, elle ne mentira pas ; si elle tarde, attends-la, car elle s'accomplira, elle s'accomplira certainement »** (Habacuc 2 :2-4).

À travers ces paroles, nous sommes encouragés à mettre par écrit le plan de Dieu, Sa volonté parfaite pour nos vies. Faisons attention aux faux prophètes et aux fausses prophéties. Dieu veut nous parler personnellement. Soyons sensibles à l'écho de Sa voix. J'apprends à mettre par écrit les prophéties que Dieu me révèle dans un registre. Je les proclame et je prie avec elles jusqu'à les voir devenir une réalité. Elles sont une source d'encouragement pour moi, et je me tiens sur le roc de la Parole de Dieu dans l'exercice de mon ministère qui consiste à restaurer les familles en commençant par ma Jérusalem.

Dieu n'est jamais en retard, même quand il arrive quatre jours après la mort de Lazare. C'est pourquoi il est agréable d'être dans le temps divin, même si nous avons une idée claire de son plan pour nous. Il y a une puissance extraordinaire dans l'attente du timing de Dieu. Paul a su attendre le temps convenable pour l'éclosion de son ministère d'évangélisation. Il a su attendre le temps de Dieu en écoutant les directives et la voix du Saint-Esprit. Son attente fut salutaire lorsque nous observons les exploits qu'il a réalisés dans son champ de mission. Il a révolutionné la vie chrétienne et il a apporté une contribution significative dans l'avancée du règne de Dieu.

Il est écrit : **« Pendant qu'ils servaient le Seigneur dans leur ministère et qu'ils jeûnaient, le Saint-Esprit dit : Mettez-moi à part Barnabas et Saul pour l'œuvre à laquelle je les appelle »** **(Actes 13 :2)**. Par contre, Moïse a failli manquer le temps de Dieu dès le début de son ministère alors qu'il connaissait son appel. Ce fut à cause de l'impatience qui le poussa à tuer l'Égyptien, croyant ainsi activer la puissance de Dieu. C'est ainsi qu'il se retrouva dans le désert. Ne confondonss pas vitesse et précipitation. Notre vitesse doit être celle du Saint-Esprit qui accélère pour nous avec Hiddekkel, et notre timing doit être celui de Dieu. Un fruit immature peut être nocif pour notre santé, alors qu'un fruit mature est une richesse pour notre organisme. Il en est de même pour un projet, une affaire, une église, un mariage, une étude qui démarre précocement et passe à côté du temps de Dieu. Nous sommes à une saison où tout est très rapide et les gens attendent des résultats immédiats et instantanés. **Il est bon de souligner que le succès n'est pas instantané. Il est le fruit de la répétition des efforts sur une longue période de temps.** L'impatience est capable de détruire la destinée glorieuse que Dieu a mise en nous. Le succès et le temps marchent ensemble.

⧗ LE TEMPS COMME ALLIÉ POUR NOTRE DESTINÉE

Le temps, loin d'être un ennemi, est un allié précieux dans la réalisation de la destinée. Dieu a prévu un temps pour toutes choses et pour chaque événement de nos vies. Il est écrit : **« Il fait toutes choses bonnes en son temps » Ecclésiaste 3 :11.** Joseph a su reconnaitre que le temps de Dieu est parfait. La patience est essentielle pour respecter le temps de Dieu, persévérer et ne pas chercher à forcer les réalisations. Il est important d'écouter la direction de Dieu ; d'être attentif à Ses signes et se préparer pour le moment où il nous appellera à agir. Le psalmiste déclarait : **« attends-toi à l'Eternel ! Fortifie-toi et que ton cœur s'affermisse ! Attends-toi et que ton cœur s'affermisse ! Attends-toi à l'Eternel ! Psaumes 27 :14.** Abraham et Sara ont dû attendre de nombreuses années avant de recevoir la promesse d'un fils. Leur patience et leur foi furent récompensées.

Nos attentes, conscientes ou inconscientes, ont un pouvoir immense sur la réalisation de notre destinée. Ce que nous croyons possible, ce que nous attendons de la vie a tendance à se réaliser. Des attentes positives fondées sur la foi et sur les promesses de Dieu, peuvent créer des opportunités et attirer des bénédictions. A l'inverse, des attentes négatives, basées sur la peur le doute, peuvent nous paralyser et nous empêcher de réaliser notre potentiel. Jésus soulignait l'importance de la foi et des attentes positives pour recevoir la guérison et les miracles. L'aveugle Bartimée, en criant à Jésus a manifesté sa foi et son attente d'être guéri ;

Ne confondons pas non plus les attentes divines qui sont planifiées par Dieu pour notre maturation et les retards causés par notre désobéissance. Chaque acte de désobéissance dans vies conduit à un retard. Il est plus facile de voir l'action du diable dans notre retard que de visualiser notre propre responsabilité. Engageons-nous à vivre une vie d'obéissance totale à Dieu. Quand nous confessons nos péchés, la miséricorde de Dieu, lent en colère et riche en bonté nous localise. Sa miséricorde triomphe du jugement.

POINTS DE PRIÈRE

1. Abba ! Père ! Enseigne-moi à attendre en silence le secours de l'Eternel.

2. Abba ! Père ! Enseigne-moi à attendre le temps convenable sans être passif.

3. Abba ! Père ! Enseigne-moi comment attende avec des orientations actives et des objectifs actifs.

4. Abba ! Père ! Enseigne-moi à attendre avec foi et détermination.

5. Abba ! Père ! Enseigne-moi à attendre en sondant les Saintes Ecritures.

6. Abba ! Père ! Enseigne-moi à attendre en étant sensible à la direction du Saint-Esprit.

7. Abba ! Père ! Enseigne-moi à attendre dans une attitude de prière et de dépendance au Saint-Esprit.

8. Abba ! Père ! Enseigne-moi à attendre dans une attitude de retraites spirituelles continues et permanentes.

9. Abba ! Père ! Enseigne-moi à attendre en évangélisant et en faisant de bonnes œuvres.

10. Abba ! Père ! Enseigne- moi à attendre activement dans le discipolat.

11. Abba ! Père ! Enseigne-moi à attendre en étant attentif à la direction de la puissance du Saint-Esprit.

12. Abba ! Père ! Enseigne-moi à attendre dans une attitude de jeûne continu.

13. Abba ! Père ! Enseigne-moi à attendre dans une attitude d'obéissance totale à Dieu.

14. Abba ! Père ! Enseigne-moi à attendre en mettant par écrit les révélations reçues.

15. Abba ! Père ! Enseigne-moi à demeurer dans Ta volonté parfaite en attendant plus de directives de Toi.

16 Abba : Père ! Enseigne-moi à attendre en Te faisant totalement confiance dans les moindres détails.

17 Abba ! Père ! Enseigne- moi à attendre le temps convenable défini par Toi pour agir.

18 Abba ! Père ! Enseigne-moi à attendre le temps convenable pour agir dans la perspective de Ta gloire sans me décourager et sans me compromettre.

19 Abba ! Père ! Enseigne-moi à marcher en nouveauté de vie pour demeurer dans Ta volonté parfaite.

20 Abba ! Père ! Enseigne-moi à approfondir mon intimité avec Toi en attendant de faire toutes choses au temps convenable.

APPROPRIATION PERSONNELLE

	Date :
Thème : LE POUVOIR DES ATTENTES DANS LA RÉALISATION DE LA DESTINÉE	
SUJETS DE PRIÈRE	**RÉPONSES DE DIEU** *(Comment Dieu a-t-il répondu ? Rêve, vision, verset biblique, intuition, parole, enseignement, pensée, paix, image, anges, etc)*
COUPLE	
PAPA	
MAMAN	
ENFANTS 1	
2	
3	
4	
5	
VIE PROFESSIONNELLE	
VIE MINISTERIELLE	
INTERCESSION : Pays, famille, Corps de Christ	

10

JOUR 10

LA PUISSANCE DE LA GRATITUDE DANS MA DESTINÉE

La gratitude a un pouvoir extraordinaire dans le processus de la destinée. Nombreux sont les gens qui se trouvent dans l'impasse parce qu'ils n'ont pas encore découvert leur destinée, celle de leur conjoint ou de leur famille. Si vous êtes dans cette situation, je vous encourage à commencer à vivre comme Jésus-Christ vivait, à être comme Lui et à faire comme Lui. Il est question de réaliser les étapes suivantes :

℟ Devenez enfant de Dieu par le biais d'une nouvelle naissance authentique.

℟ Développez la routine des actions de grâces régulières.

℟ Demeurez dans la présence de Dieu par la prière, la Parole.

℟ Demeurez dans la présence de Dieu par l'évangélisation.

℟ Soyez sensible à direction divine par le discipolat,

℟ Dieu vous guidera selon Sa promesse de **Psaume 32 :8.**

Ainsi, vous irez du général au particulier dans la découverte et la réalisation de votre destinée. Avancez avec foi, car le Tout-Puissant pourra ouvrir vos yeux sur son plan pour vous de manière directe ou indirecte en passant par quelqu'un d'autre. Dans tous les cas, il confirmera Sa volonté pour vous pendant que vous marchez dans l'obéissance.

En plus de ces étapes, je vous exhorte à vivre pleinement une vie d'actions de grâces quotidiennes et permanentes envers Dieu et envers les hommes. Pourquoi remercier Dieu ? Les raisons sont multiples et variées :

- ෆ Par obéissance à Dieu qui nous demande de Le remercier **(1 Thessaloniciens 5 :18)**.

- ෆ Pour célébrer ses hauts faits dans nos vies en permanence.

- ෆ Pour reconnaître que la main de Dieu est dans nos vies et dans toutes nos réalisations.

- ෆ Pour reconnaître que Dieu est la source de toutes nos bénédictions sans distinction aucune.

- ෆ Pour manifester notre dépendance totale au Saint-Esprit en continu.

- ෆ Pour établir Dieu comme source de gloire dans nos vies et nos destinées.

- ෆ Pour anticiper les bénédictions futures.

Etant donné que sur dix lépreux, un seul a été reconnaissant, nous observons que l'ingratitude est propre à la nature humaine. Les neuf ont été guéris, mais le seul lépreux reconnaissant a été restauré non seulement dans son corps mais aussi dans son âme et dans son esprit. Abba Père, enseigne-nous à vivre une vie d'actions de grâces.

Les atouts des actions de grâces :

- ⨳ Elles améliorent la santé mentale et libèrent de l'angoisse, du stress, de la dépression et de l'anxiété.

- ⨳ Elles facilitent et améliorent les rapports interpersonnels en favorisant la durabilité et la profondeur dans les amitiés.

- ⨳ Elles augmentent considérablement l'estime de soi en reconnaissant ses propres efforts et ses propres réalisations.

- ⨳ Elles améliorent la qualité du sommeil qui se veut rapide, long et profond.

- ⨳ Elles engendrent plus de prospérité, de générosité, d'ouverture et de possibilités.

- ⨳ Dieu aime les actions de grâces et il siège au milieu de la louange de son peuple, et il désire que le peuple qu'il s'est formé publie ses louanges **(Esaïe 43 :21)**.

- ⨳ Elles fraient un chemin dans les déserts de nos vies et les malédictions sont remplacées par les bénédictions.

- ⨳ Elles attirent la puissance et l'onction de Dieu dans nos vies.

Restons dans les actions de grâces et attendons-nous totalement à Dieu, car il nous parlera de notre destinée. Demeurons dans les actions de grâces heureuses, les actions de grâces douloureuses et les actions de grâces prophétiques, selon qu'il est écrit : **« Ainsi donc, comme vous avez reçu le Seigneur Jésus-Christ, marchez en lui, étant enracinés et fondés en lui, et affermis par la foi d'après les instructions qui vous ont été données et abondez en actions de grâces » Colossiens 2 : 6-7.**

POINTS DE PRIÈRE

1 Abba ! Père ! Enseigne-moi à dire merci de manière permanente.

2 Abba ! Père ! Enseigne-moi à dire merci comme un mode de vie.

3 Abba ! Père ! Enseigne-moi à dire merci à mes parents.

4 Abba ! Père ! Enseigne-moi à attendre avec foi et détermination.

5 Abba ! Père ! Enseigne-moi à dire merci à mes amis.

6 Abba ! Père ! Enseigne-moi à dire merci à mes détracteurs.

7 Abba ! Père ! Enseigne-moi à dire merci à mes frères et sœurs.

8 Abba ! Père ! Enseigne-moi à dire merci à mes ennemis.

9 Abba ! Père ! Enseigne-moi à dire merci à ma famille.

10 Abba ! Père ! Enseigne- moi à dire merci à Dieu comme un style de vie.

11 Abba ! Père ! Enseigne-moi à dire merci à Dieu dans les situations douloureuses.

12 Abba ! Père ! Enseigne-moi à dire merci à Dieu dans les situations heureuses.

13 Abba ! Père ! Enseigne-moi à dire merci à Dieu pour les choses futures par la foi.

14 Abba ! Père ! Enseigne-moi à dire merci à Dieu pour mon époux, mon épouse.

15 Abba ! Père ! Enseigne-moi à dire merci à Dieu pour nos enfants.

16 Abba ! Père ! Enseigne-moi à Te dire merci pour mes projets.

17 Abba ! Père ! Enseigne- moi à Te dire merci pour mes projets conjuguaux.

18 Abba ! Père ! Enseigne-moi à Te dire merci pour mes partenaires et mes collaborateurs.

19 Abba ! Père ! Enseigne-moi à Te dire merci pour le souffle de vie et ma mission sur la terre.

20 Abba ! Père ! Enseigne-moi à vivre une vie d'actions de grâces permanentes indépendamment des circonstances de la vie.

APPROPRIATION PERSONNELLE

	Date :
Thème : LA PUISSANCE DE LA GRATITUDE DANS MA DESTINÉE	
SUJETS DE PRIÈRE	**RÉPONSES DE DIEU** *(Comment Dieu a-t-il répondu ? Rêve, vision, verset biblique, intuition, parole, enseignement, pensée, paix, image, anges, etc)*
COUPLE	
PAPA	
MAMAN	
ENFANTS 1	
2	
3	
4	
5	
VIE PROFESSIONNELLE	
VIE MINISTERIELLE	
INTERCESSION : Pays, famille, Corps de Christ	

JOUR 11

À LA DÉCOUVERTE DES TALENTS POUR UNE DESTINÉE GLORIEUSE

Les talents sont des cadeaux que Dieu offre à chacun de nous. Chacun de nous a reçu des talents, des faveurs imméritées de Dieu. Il y a dans chaque talent une puissance extraordinaire. Il est utile de souligner que les talents ont un lien direct avec ce que Dieu veut que nous fassions.

1. Les talents sont la clé de notre futur.

Notre avenir est dans nos talents qui sont les signes précurseurs de notre futur. Dieu nous a créés avec tout ce dont nous avons besoin pour réaliser notre destinée. Ces talents sont enfouis en nous. C'est pourquoi notre développement personnel ne viendra pas de l'extérieur mais de l'intérieur de nous. Nous avons donc la lourde responsabilité de les libérer et en faire bon usage. D'après **Éphésiens 2:10**, Dieu créé d'abord les bonnes œuvres et le réalisateur de bonnes œuvres ensuite. Les œuvres viennent avant l'ouvrier. C'est dire que Dieu commence par la fin dans Sa grande Sagesse et Souveraineté. Il fait d'abord le pot et le potier par la suite. Alors que plusieurs s'attèlent à découvrir les œuvres qu'ils doivent réaliser, il serait plus sage d'**aller à la découverte des talents** car en découvrant les talents, nous saurons exactement dans quel domaine opérer. Comme un arbre qui porte ses fruits en sa saison, nos talents sont en nous en attente de multiplication pour plus de productivité.

2. Nos talents nous permettent d'impacter.

Il est écrit : « **Vous recevrez une puissance, le Saint-Esprit survenant sur vous, et vous serez mes témoins à Jérusalem, dans toute la Judée, dans la Samarie, et jusqu' aux extrémités de la terre** » Actes 1 :8. A partir de ce texte, nous comprenons que tous les enfants de Dieu ont le pouvoir d'impacter le monde. Un autre passage qui renchérit cette idée d'influenceurs pour Christ est **Marc 16:15** qui affirme : « **Allez par tout le monde, et prêchez la bonne nouvelle à toute la création** ». Le monde représente le cosmos et par ricochet toutes les sphères d'influences qui s'y trouvent. Bien qu'une seule personne ne puisse s'impliquer dans toutes les sphères d'influences, les talents nous permettront d'impacter au moins une sphère d'influences. Le déploiement de nos talents nous aidera à faire bon usage Des sphères d'influences à l'échelle mondiale et planétaire.

3. Nos talents sont la priorité non négociable.

Je partage entièrement l'opinion de ceux qui pensent que notre discipline chrétienne doit s'appuyer sur la trilogie suivante :
- ℭ Mon intimité avec Dieu,
- ℭ Bien jouer mon rôle en famille,
- ℭ Construire le ministère et ou bâtir le travail auquel je suis appelé.

Dans la première rubrique intitulée mon intimité avec Dieu, il est crucial de déployer nos talents dans leur plein potentiel. La valorisation de nos talents est un équipement extraordinaire pour réaliser le plan parfait de Dieu pour nos vies. **Les talents aiguisés sont la clé qui ouvre notre destinée.** Les talents fructifiés dans une bonne intimité avec le Père feront de nous des personnes surnaturelles dans la vie familiale, ministérielle, et professionnelle. Les talents d'orateur de Paul à l'aéropage auraient concouru à l'annonce de l'Évangile. Les talents de musicien de David l'ont conduit au palais où il finira comme Roi. J'ai eu la grâce d'avoir un travail qui fructifie mes talents. Ainsi, en enseignant dans le séculier, j'enseigne la Parole de Dieu, j'écris des livres, je produis les vidéos, je crée des contenus, je suis coach, mentor, conseillère matrimoniale, encadreur de jeunes, experte en parentalité. Même dans un contexte camerounais où on a l'habitude de dire **« on ne choisit plus son travail »** avec la conjoncture qui s'y vit, je vous exhorte à chercher un travail ou un ministère au travers duquel vos talents seront valorisés. Évaluez le temps que vous investissez dans la valorisation de vos talents en 24 heures et faites le meilleur choix de vos talents fructifiés. **Le travail et le ministère qui valorisent vos talents vous propulseront dans une vie surnaturelle sur la terre.** Paul a bouleversé le monde avec la Parole de Dieu en plusieurs années de ministère car il valorisait ses talents au maximum. Nos talents valorisés avec sagesse nous amènent à expérimenter la triple excellence spirituelle, familiale, ministérielle et professionnelle dans la mesure où **vous pouvez perdre un travail mais vous ne pouvez pas perdre vos talents** enfouis en vous à moins que vous refusiez de les fructifier.

POINTS DE PRIÈRE

1   Abba ! Père ! Ouvre mes yeux pour que je voie les talents que Tu as mis en moi.

2   Abba ! Père ! Ouvre mes yeux pour que je voie les talents que Tu as mis en mon époux, épouse.

3   Abba ! Père ! Ouvre mes yeux pour que je voie les talents que Tu as mis en chacun de mes enfants.

4   Abba ! Père ! Ouvre mes yeux pour que je voie les talents que Tu as mis en chaque membre de me famille.

5   Abba ! Père ! Ouvre mes yeux pour que je voie les talents qui sont enfouis en moi dans chaque dimension de ma vie.

6   Abba ! Père ! Enseigne-moi à fructifier mes talents.

7   Abba ! Père ! Enseigne-moi à ne pas enterrer me talents.

8   Abba ! Père ! Enseigne-moi à Te dire merci pour mes talents.

9   Abba ! Père ! Enseigne-moi à Te dire merci pour les talents de ma famille.

10 Abba ! Père ! Enseigne- moi à Te dire merci pour les talents de mes enfants.

11 Abba ! Père ! Enseigne-moi à impacter ma sphère professionnelle grâce à mes talents.

12 Abba ! Père ! Enseigne-moi à Te dire merci et à impacter positivement ma communauté locale grâce à mes talents.

13 Abba ! Père ! Enseigne-moi à impacter ma famille grâce à mes talents.

14 Abba ! Père ! Enseigne-moi à dire merci à impacter le corps de Christ grâce à mes talents.

15 Abba ! Père ! Enseigne-moi à donner la priorité à mes talents pour réaliser ma mission sur la terre.

16 Abba : Père ! Enseigne-moi à donner la priorité à mes talents pour construire ma famille.

17 Abba ! Père ! Enseigne- moi à valoriser mes talents pour construire mon ministère.

18 Abba ! Père ! Enseigne-moi à valoriser mes talents pour impacter le monde professionnel.

19 Abba ! Père ! Enseigne-moi à valoriser mes talents pour impacter ma Jérusalem, Judée, Samarie, et les extrémités de la terre.

20 Abba ! Père ! Enseigne-moi à valoriser mes talents pour bénéficier d'une promotion spirituelle quand Tu reviendras : **« bon et fidèle serviteur, entre dans la joie de ton maître »**.

APPROPRIATION PERSONNELLE

	Date :
Thème : À LA DÉCOUVERTE DES TALENTS POUR UNE DESTINÉE GLORIEUSE	
SUJETS DE PRIÈRE	**RÉPONSES DE DIEU** *(Comment Dieu a-t-il répondu ? Rêve, vision, verset biblique, intuition, parole, enseignement, pensée, paix, image, anges, etc)*
COUPLE	
PAPA	
MAMAN	
ENFANTS 1	
ENFANTS 2	
ENFANTS 3	
ENFANTS 4	
ENFANTS 5	
VIE PROFESSIONNELLE	
VIE MINISTERIELLE	
INTERCESSION : Pays, famille, Corps de Christ	

JOUR 12

LA PUISSANCE DES TALENTS DANS LA RÉALISATION DE MA DESTINÉE

Les talents ont le pouvoir de nous amener dans les profondeurs inimaginables. Mais dans l'ignorance, peu de gens expérimentent le plein potentiel de leurs talents. Les talents peuvent nous amener à réaliser cinq choses essentielles :

1. Ouvrir les portes aux opportunités exceptionnelles

Les talents peuvent nous amener à effectuer des voyages, visiter des endroits auxquels nous n'avions pas accès auparavant. David, de conditions modestes, a fait son entrée au palais grâce à son talent de chantre. Il est écrit : **« Que notre Seigneur parle ! Tes serviteurs sont devant toi. Ils chercheront un homme qui sache jouer de la harpe ; et, quand le mauvais esprit de Dieu sera sur toi, il jouera de sa main, et tu seras soulagé. » (1 Samuel 16 :16-18).** Les portes de la gloire ont été ouvertes pour Joseph grâce à sa capacité d'interpréter les rêves. Betsaleel et Oholiab ont eu le privilège de bâtir le tabernacle de Dieu grâce à leur habileté. Il est écrit : **« Moïse appela Betsaleel, Oholiab, dans l'esprit desquels l'Éternel avait mis de son intelligence, tous ceux dont le cœur était disposé à s'appliquer à l'œuvre pour l'exécuter. » (Exode 36 :2).**

2. Vos talents peuvent vous aider à susciter la richesse

Vous pouvez devenir riche grâce à vos talents. Ces talents déposés en nous par Dieu peuvent nous ouvrir les portes de la richesse, du commerce international. Seigneur, enseigne-nous à monétiser nos talents sans pour autant tomber dans la cupidité. Nos talents peuvent attirer les clients, devenir source de repas, de nutrition de notre famille. C'est pourquoi il est fort conseillé d'avoir un ministère ou un travail directement connecté à nos talents. Paul, était faiseur de tentes. À travers son talent manuel, il a financé son ministère. Il est écrit : **« Comme il avait le même métier, il demeura avec eux et y travailla : ils étaient faiseurs de tentes. » (Actes 18 :3).** Je bénis le Seigneur qui a utilisé mon talent d'enseignant et la dextérité de mon époux pour financer notre ministère. Et parfois, il y a toujours une question qui revient régulièrement : « Faut-il quitter le travail séculier pour s'investir totalement dans le ministère ? » Dans tous les cas, Dieu pourvoit toujours pour son œuvre. Nous bénissons tous ceux qui nous ont accompagnés matériellement et spirituellement dans l'exercice du ministère de restauration des familles.

3. Les talents peuvent ouvrir les portes de la gloire

Nos talents sont capables de générer beaucoup plus de bénédiction que nous ne le pensons. Grâce à vos talents en art, culture, votre dextérité, votre créativité, vous pouvez entrer dans une dimension extraordinaire. Ne cachez pas vos talents. Mettez-les au service du maximum de personnes. Grâce au talent d'Hiram, il eut accès direct au promoteur économique le plus riche de son époque, le roi Salomon. Il est écrit : **« Le roi Salomon fit venir de Tyr Hiram, fils d'une veuve de la tribu de Nephtali, et d'un père Tyrien, qui travaillait sur l'airain. Hiram était rempli de sagesse, d'intelligence et de savoir pour faire toutes sortes d'ouvrages d'airain. » (1 Rois 7 :13-14).** Hiram, artisan et décorateur peu connu, est devenu célèbre avec un curriculum vitae impressionnant dès lors qu'il a été sollicité par l'homme le plus puissant du monde pour décorer le temple. Le seul fait d'avoir travaillé pour le roi Salomon ouvrait toutes les opportunités.

4. Nos talents doivent pleinement servir Dieu

Les talents nous ont été donnés par Dieu pour non seulement Le servir mais également pour servir les hommes. Dans le verset suivant, Dieu explique pourquoi Il fait venir son peuple. Il déclare : **« Vous servirez l'Éternel, votre Dieu, et il bénira votre pain et vos eaux, et j'éloignerai la maladie du milieu de toi » Exode 23:25.** Dieu sait que le manque peut amener son peuple à servir les dieux étrangers. Il le met à l' abri du besoin. Il sait également que le peuple peut passer à côté de sa destinée glorieuse à cause de la pauvreté et il pourvoit à ses besoins et il le restaure des maladies. Dieu nous bénit pour que nous l'adorions et que nous le servions d' après **1 Pierre 4:10** où il est écrit : **« comme de bons dispensateurs de diverses grâces de Dieu, que chacun de vous mette au service des autres le don qu'il a reçu. »** Servons Dieu dans la disette comme dans l'abondance. Luc, l'auteur des Actes des apôtres, était un serviteur de Dieu multi potentiel et multi talentueux. Il était médecin, théologien, historien, écrivain, missionnaire. Il a su mettre ses talents au service de Dieu pour un résultat impressionnant.

5. Nos talents peuvent nous amener à devenir des influenceurs.

Vos capacités peuvent vous propulser à des postes de responsabilités importantes et au leadership. Votre habileté est susceptible de vous élever sur le plan social et multidimensionnel. Elle est capable de vous conduire sur les sentiers de la gloire. Il est écrit : **« Kenania, chef de musique parmi les lévites, dirigeait la musique, car il était habile. » 1 Chroniques 15: 22.**

Les talents sont une source de bénédiction extraordinaire. Valorisons- les.

POINTS DE PRIÈRE

1   Abba ! Père ! Ouvre mes yeux pour que je voie comment mes talents peuvent ouvrir des portes aux opportunités exceptionnelles.

2   Abba ! Père ! Ouvre mes yeux pour que je voie comment mes talents peuvent m'ouvrir les portes aux opportunités exceptionnelles dans la vie spirituelle.

3   Abba ! Père ! Ouvre mes yeux pour que je voie comment mes talents peuvent m'ouvrir des portes aux opportunités exceptionnelles dans ma famille.

4   Abba ! Père ! Ouvre mes yeux pour que je voie comment mes talents peuvent m'ouvrir des portes aux opportunités exceptionnelles dans mon ministère et dans ma vie professionnelle.

5   Abba ! Père ! Ouvre mes yeux pour que je sache comment monétiser mes talents sans tomber dans la cupidité.

6   Abba ! Père ! Enseigne-moi à monétiser mes talents dans le domaine de la famille.

7   Abba ! Père ! Enseigne-moi à monétiser mes talents dans le domaine du travail et du ministère.

8   Abba ! Père ! Enseigne-moi à monétiser mes talents dans tous domaines de ma vie.

9   Abba ! Père ! Enseigne-moi à mettre mes talents au service d'un maximum de personnes.

10 Abba ! Père ! Enseigne- moi à mettre mes talents au service des membres de ma famille.

11 Abba ! Père ! Enseigne-moi à mettre mes talents au service d'un maximum de personnes dans le ministère.

12 Abba ! Père ! Enseigne-moi à mettre mes talents au service d'un maximum de personnes dans le monde.

13 Abba ! Père ! Enseigne-moi à mettre mes talents au service d'un maximum de personnes dans le corps de Christ.

14 Abba ! Père ! Enseigne-moi à servir Dieu au travers de mes talents.

15 Abba ! Père ! Enseigne-moi à donner la priorité à mes talents pour réaliser ma mission au sein du corps de Christ.

16 Abba : Père ! Enseigne-moi à donner la priorité à mes talents pour réaliser ma mission au sein de ma famille.

17 Abba ! Père ! Enseigne- moi à valoriser mes talents pour réaliser ma mission au sein du ministère.

18 Abba ! Père !   Enseigne-moi à valoriser mes talents pour impacter le monde professionnel.

19 Abba ! Père !   Enseigne-moi à valoriser mes talents pour devenir un influenceur dans le monde.

20 Abba ! Père ! Enseigne-moi à valoriser mes talents pour devenir un influenceur dans le monde chrétien.

APPROPRIATION PERSONNELLE

	Date :
Thème : LA PUISSANCE DES TALENTS DANS LA RÉALISATION DE MA DESTINÉE	

SUJETS DE PRIÈRE	**RÉPONSES DE DIEU** *(Comment Dieu a-t-il répondu ? Rêve, vision, verset biblique, intuition, parole, enseignement, pensée, paix, image, anges, etc)*
COUPLE	
PAPA	
MAMAN	
ENFANTS 1	
2	
3	
4	
5	
VIE PROFESSIONNELLE	
VIE MINISTERIELLE	
INTERCESSION : Pays, famille, Corps de Christ	

ALIGNER MES TALENTS ET MES DONS SPIRITUELS POUR UNE DESTINÉE GLORIEUSE

Il existe une grande différence entre les talents et les dons spirituels. Les talents sont des **capacités naturelles** que Dieu donne à chacun de nous pour servir et opérer dans diverses sphères de la vie. Les dons spirituels sont des **capacités surnaturelles** données par le Saint-Esprit dans le but d'édifier l'Église. C'est dire que les talents sont destinés aux enfants de Dieu et aux créatures de Dieu. Les talents sont innés, c'est à dire que nous naissons avec nos talents, nous les héritons dès la naissance. On n'achète pas les talents. Les talents peuvent être des capacités musicales, artistiques, intellectuelles, innées que nous développons plus tard. La Bible ne se prononce pas clairement sur la notion de talents en termes de capacités mais plutôt en valeur monétaire. Celui qui reçoit plusieurs talents a une responsabilité plurielle car Dieu attendra beaucoup en retour. Étant donné que nous naissons avec les talents, **il ne faut pas aspirer aux talents que vous n'avez pas**. Vous pouvez juste les améliorer en faible proportion. Il est question d'être soi- même, d'accepter et surtout accepter ce qu'on n'est pas. Ne convoitez pas les talents des autres, ne les enviez pas. Cherchez plutôt à identifier les vôtres et à en faire bon usage du moment où chacun de nous a au moins un talent donné par Dieu. Si vous faites le travail d'identification des talents dans votre vie et dans celle de vos enfants, vous obtiendrez des résultats spéciaux.

Contrairement à ce que plusieurs pensent, **les talents** sont utilisés non seulement dans le monde physique mais également dans le monde spirituel. Joseph, avant d'être premier ministre en

Egypte a fait bon usage de ses talents chez Potiphar. Les talents de Joseph l'ont promu au poste d'intendance sur tous ses biens. Le développement de ses talents a fait de lui un homme d'affaires intègre, qui craint Dieu. Il a su monétiser ses talents pour le salut des peuples qui mourraient de faim. David, Avant d'être Roi était un musicien talentueux. Il a composé plusieurs Psaumes qui sont une source de bénédiction dans le monde spirituel. Ainsi, les talents sont utiles et utilisés dans tous les secteurs d'activités. Nous ne devons pas négliger nos talents en prétendant qu'ils sont seulement « **humains et naturels** ». Mes talents d'enseignante dans le séculier me sont très utiles dans l'enseignement de la Parole de Dieu. Les talents sont utiles dans le physique et le spirituel. Nos talents doivent être fructifiés afin que nous puissions rendre fidèlement compte à Dieu au temps convenable.

Les **dons spirituels** sont des capacités données par le Saint-Esprit après la conversion, la nouvelle naissance pour l'édification de l'Église. Contrairement aux talents qui sont donnés aux croyants et aux non croyants, les dons spirituels sont une affaire de chrétiens et d'enfants de Dieu. C'est le Saint-Esprit qui donne les dons spirituels pour une utilité commune. Il est écrit : **« En effet, à l' un est donné par l' Esprit une parole de sagesse ; à un autre, une parole de connaissance, selon le même Esprit ; à un autre, la foi, par le même Esprit ; à un autre, le don des guérisons par le même Esprit ; à un autre, le don d' opérer des miracles; à un autre, la prophétie; à un autre, le discernement des esprits; à un autre, la diversité des langues ; à un autre, l' interprétation des langues »** . 1 Corinthiens 12:8-10. Les dons spirituels ne sont pas innés. Nous ne naissons pas avec les dons spirituels. Ils sont acquis à la suite de notre nouvelle naissance dans la famille de Dieu. Alors que nous ne devons pas aspirer aux talents des autres, Paul nous commande d'aspirer aux dons spirituels en ces termes : **« aspirez aux dons les meilleurs »1 Corinthiens 12:31.** Ces dons sont utiles dans le règne de l'Esprit dans le but d'édifier l'Église. Tous les dons spirituels ne se retrouvent pas en une seule personne parce que Dieu veut que nous soyons complémentaires et que l'orgueil ne soit pas notre partage.

Les dons spirituels et les talents sont deux concepts distincts, bien qu'ils puissent parfois se chevaucher. Voici les principales différences entre les deux :

¤ Les dons spirituels

Les dons spirituels sont des capacités surnaturelles ou des aptitudes données par Dieu pour servir les autres et édifier la communauté des croyants. Ils sont mentionnés dans le Nouveau Testament, notamment dans les épîtres de Paul (**1 Corinthiens 12-14, Romains 12, Éphésiens 4**). Les exemples de dons spirituels sont les suivants: - La prophétie, - La guérison, - La foi, - Les langues, - L'interprétation des langues, - Le discernement des esprits.

¤ Les talents

Les talents sont des aptitudes naturelles ou acquises qui permettent à une personne d'exceller dans un domaine particulier. Ils peuvent être utilisés à des fins personnelles ou professionnelles et ne sont pas nécessairement liés à la spiritualité. Les exemples de talents sont les suivants :- Le chant, - La musique, - La peinture, - L'écriture, - La danse, - Le sport.

Les principales différences

1. **Origine :** Les dons spirituels sont considérés comme étant donnés par Dieu, tandis que les talents peuvent être innés ou développés par l'éducation et la pratique.
2. **But :** Les dons spirituels sont destinés à servir les autres et à édifier la communauté des croyants, tandis que les talents peuvent être utilisés pour un bénéfice personnel ou pour contribuer à la société de manière plus large.
3. **Contexte :** Les dons spirituels sont souvent associés à des contextes religieux ou ecclésiaux, tandis que les talents peuvent être exprimés dans une variété de contextes, allant de la scène artistique aux compétitions sportives.

Les dons spirituels et les talents sont deux types distincts de capacités qui peuvent être utilisées pour enrichir la vie des individus et des communautés, mais ils diffèrent par leur origine, leur but et leur contexte d'expression.

POINTS DE PRIÈRE

1 Abba ! Père ! Montre- moi comment faire bon usage de mes dons et de mes talents.

2 Abba ! Père ! Montre-moi comment utiliser efficacement mes capacités naturelles dans ma vie spirituelle.

3 Abba ! Père ! Montre-moi comment utiliser efficacement mes capacités naturelles dans la construction de ma famille.

4 Abba ! Père ! Montre-moi comment utiliser efficacement mes capacités naturelles dans mon ministère et dans ma vie professionnelle.

5 Abba ! Père ! Montre-moi comment utiliser mes capacités naturelles pour servir Dieu dans le corps de Christ.

6 Abba ! Père ! Montre- moi comment utiliser mes capacités naturelles pour affirmer ma personnalité et mon tempérament.

7 Abba ! Père ! Montre-moi comment utiliser mes capacités naturelles pour révéler la gloire de Dieu dans ma maison.

8 Abba ! Père ! Montre-moi comment utiliser mes capacités naturelles pour révéler la gloire de Dieu dans mon lieu de service.

9 Abba ! Père ! Montre-moi comment utiliser mes capacités naturelles pour révéler la gloire de Dieu dans le corps de Christ.

10 Abba ! Père ! Montre-moi comment utiliser mes capacités naturelles pour révéler la gloire de Dieu dans les sphères d'influence.

11 Abba ! Père ! Montre-moi comment utiliser mes capacités naturelles sans envier celles des autres.

12 Abba ! Père ! Montre-moi comment utiliser mes capacités naturelles en donnant toute la gloire à Dieu.

13 Abba ! Père ! Montre-moi mes dons spirituels.

14 Abba ! Père ! Enseigne-moi à les valoriser pour l'utilité commune.

15 Abba ! Père ! Enseigne-moi à ne pas sous-estimer mes capacités surnaturelles.

16 Abba Père ! Enseigne-moi à donner du prix et de la valeur aux dons spirituels des autres frères et soeurs.

17 Abba ! Père ! Enseigne- moi à me discipliner dans l'utilisation de mes capacités surnaturelles.

18 Abba ! Père ! Enseigne-moi à demeurer humble pendant j'opère dans le surnaturel.

19 Abba ! Père ! Enseigne-moi à rester à ma place pendant j'exerce mes capacités surnaturelles dans la simplicité de cœur.

20 Abba ! Père ! Enseigne-moi à concilier efficacement mes capacités naturelles et mes capacités surnaturelles.

APPROPRIATION PERSONNELLE

	Date :
Thème : ALIGNER MES TALENTS ET MES DONS SPIRITUELS POUR UNE DESTINÉE GLORIEUSE	
SUJETS DE PRIÈRE	**RÉPONSES DE DIEU** *(Comment Dieu a-t-il répondu ? Rêve, vision, verset biblique, intuition, parole, enseignement, pensée, paix, image, anges, etc)*
COUPLE	
PAPA	
MAMAN	
ENFANTS — 1	
2	
3	
4	
5	
VIE PROFESSIONNELLE	
VIE MINISTERIELLE	
INTERCESSION : Pays, famille, Corps de Christ	

14

JOUR 14

DÉPLOYER SES TALENTS POUR RÉALISER LE PLAN DE DIEU

Les talents sont souvent considérés comme la clé pour ouvrir la porte de la destinée selon le Pasteur Luc Dumont. Les talents sont d'une importance capitale dans l'exercice et l'expression de notre destinée. C'est pourquoi il est capital non seulement de les découvrir mais de les déployer pour réaliser le plan de Dieu dans nos vies. La découverte des talents est la première étape vers une vie épanouie en conformité avec la volonté de Dieu inscrite dans Sa Parole. La découverte de ses talents est capitale non seulement pour l'individu mais également pour la communauté. C'est pourquoi il est important de les déployer pour son développement personnel et pour édifier le corps de Christ.

Les bénéfices du déploiement des talents

Le potentiel divin en chacun de nous est unique. Dieu a donné à chacun de nous une palette de dons et talents destinés à être déployés non seulement pour servir les autres mais aussi à glorifier Son nom. Ces talents sont des possessions personnelles et des outils personnels à affûter et à utiliser activement pour impacter le monde dans lequel nous sommes. L'histoire de la parabole des talents illustre bien ce principe. Les serviteurs qui ont multiplié leurs talents ont été récompensés alors que celui qui a enfoui le sien a été sévèrement puni. C'est dire que **déployer ses talents n'est pas une option mais un mandat divin, une responsabilité sacrée**.

Le déploiement de nos talents commence par la reconnaissance et l'acceptation de ce que nous sommes. Je vous exhorte à prendre du temps pour découvrir vos forces, passions, aptitudes naturelles. Identifions les domaines dans lesquels nous excellons ; les activités qui nous passionnent ; et qui nous donnent le sentiment d'accomplissement. Ensuite, cultivons-les et développons-les pour atteindre notre plein potentiel. Cette culture exige la formation, la pratique, le perfectionnement et l'apprentissage en continu. David, habile joueur de la harpe a perfectionné son talent en apaisant l'esprit tourmenté qui animait le roi. Il a ensuite utilisé le même talent pour d'excellents psaumes pour louer Dieu et servir d'inspiration aux générations futures.

L'une des meilleures façons de déployer ses talents consiste à les mettre au service des autres. C'est en les partageant pour aider les autres qui sont dans le besoin que nous contribuons au bien-être de la société, nous donnons un sens à notre vie ; et nous accomplissons notre destinée. Dorcas, habile couturière, a utilisé son don pour vêtir les pauvres et les veuves. Son service désintéressé a touché de nombreuses vies tout en démontrant son amour inconditionnel pour Dieu. Quand nous déployons nos talents avec humilité et générosité, nous devenons des instruments de grâce de Dieu et nous contribuons à construire un monde différent.

Les avantages associés au déploiement des talents sont nombreux. Il s'agit entre autres de :

ઠ La compréhension de soi et la croissance personnelle :

Les talents déployés vous stimulent à sortir de votre zone de confort pour entrer dans votre zone de génie. **Votre zone de génie est votre domaine de prédilection, un domaine dans lequel vous excellez et vous produisez d'excellents résultats où les autres ne le peuvent pas**. Ils vous permettent de mieux comprendre votre vocation et mieux déployer votre potentiel en identifiant clairement les zones dans lesquelles vous pouvez exceller.

os **L'épanouissement spirituel et l'accomplissement personnel :**
Votre épanouissement est enfoui dans vos talents. Quand vous décidez de mettre en valeur vos talents, ils vous procurent une joie et un bonheur que vous ne trouvez nulle part ailleurs. Vous développez vos compétences et vous acquérez de nouvelles connaissances et l'amélioration de la confiance en vous. Vous trouvez un équilibre entre vos engagements spirituels et vos aspirations personnelles.

os **Le développement communautaire et le service aux autres :**
Au-delà de votre bien-être personnel, vos talents contribuent au développement de votre communauté et l'enrichissement du corps de Christ. **Les talents ne sont pas destinés à un usage personnel.** Vos talents sont pour le bien-être des autres et pour l'avancement du royaume de Dieu. Vous construisez une Eglise plus forte et plus unie.

Refuser de déployer ses talents est un péché aux yeux de Dieu. Nous devons utiliser nos talents comme des instruments de bénédiction pour les autres. Nous devons les utiliser aussi pour dire merci à Dieu qui nous équipe des talents pour répondre aux besoins des autres dans la société et pour Le rendre content. La joie de Dieu est manifeste dès lors qu'Il peut nous utiliser comme des canaux pour que Son œuvre avance. Avez-vous des regrets concernent votre façon de gérer vos talents jusqu'à présent ? Voulez-vous envisager une nouvelle dynamique dans le déploiement fructueux de vos talents pour avoir l'approbation du Père en toutes choses ? Saisissez cette opportunité, cette main tendue de Dieu et ne remettez plus rien à demain car le lendemain ne nous appartient pas. **Votre mission sur la terre consiste à répondre aux besoins des autres avec les talents que vous avez.**

POINTS DE PRIÈRE

1   Abba ! Père ! Révèle-moi comment grandir de manière harmonieuse au travers de mes talents.
2   Abba ! Père ! Révèle-moi comment assurer mon développement personnel en valorisant mes talents.
3   Abba ! Père! Montre-moi les stratégies qui m'aideront à exceller dans ma communion avec Toi par la prière.
4   Abba ! Père ! Ouvre mes yeux sur la puissance de la prière afin que je puisse Te rencontrer personnellement toutes les fois où je prie.
5   Abba ! Père ! Forme-moi pour que je comprenne que le lien qu'il y a entre la mise en pratique de Ta Parole et ma réussite.
6   Abba ! Père ! Enseigne-moi à valoriser mes talents en organisant des retraites personnelles régulières.
7   Abba ! Père ! Montre-moi comment valoriser mes talents.
8   Abba ! Père ! Montre-moi comment accepter et aimer mes talents dans le voyage de destinée.
9   Abba ! Père ! Montre-moi comment faire bon usage de mes passions dans mon voyage de destinée.
10 Abba ! Père ! Montre-moi comment faire bon usage de mes aptitudes naturelles dans le champ de mission.
11 Abba ! Père ! Montre-moi comment me former pour mieux affirmer mes talents.
12 Abba ! Père ! Montre-moi comment réponde aux besoins des personnes de mon environnement immédiat et lointain pour mieux réaliser ma destinée.
13 Abba ! Père ! Montre-moi comment perfectionner mes talents pour mieux avancer dans mon voyage missionnaire.
14 Abba ! Père ! Enseigne-moi comment aider ceux qui sont dans le besoin à une meilleure dimension dans mon voyage de destinée.
15 Abba ! Père ! Enseigne-moi la puissance cachée dans les services rendus avec beaucoup de discrétion dans mon voyage

missionnaire.

16 Abba ! Père ! Enseigne-moi à mieux valoriser et fructifier mes aptitudes naturelles pour un meilleur rendement dans le processus de ma destinée.

17 Abba ! Père ! Enseigne- moi à accompagner mes enfants dans le processus de valorisation et de multiplication de leurs talents.

18 Abba ! Père ! Enseigne-moi à construire une famille Christo centrée où tous les membres de la famille mettent leurs talents et leurs passions ainsi que leurs aptitudes naturelles au service de Dieu et du bien-être du prochain.

19 Abba ! Père ! Enseigne-moi à vivre pour toi et pour les autres pendant que j'effectue le voyage de ma destinée.

20 Abba ! Père ! Enseigne-moi à développer les talents des membres de ma famille selon la perspective céleste pendant que j'avance dans mon voyage de destinée.

APPROPRIATION PERSONNELLE

	Date :
Thème : DÉPLOYER SES TALENTS POUR RÉALISER LE PLAN DE DIEU	

SUJETS DE PRIÈRE	RÉPONSES DE DIEU *(Comment Dieu a-t-il répondu ?* *Rêve, vision, verset biblique,* *intuition, parole, enseignement,* *pensée, paix, image, anges, etc)*
COUPLE	
PAPA	
MAMAN	
ENFANTS 1	
2	
3	
4	
5	
VIE PROFESSIONNELLE	
VIE MINISTERIELLE	
INTERCESSION : Pays, famille, Corps de Christ	

15

JOUR 15

TES TALENTS SONT LA CLÉ QUI OUVRE LA PORTE DE TA DESTINÉE

Nous avons tous reçu de Dieu une chose unique et spéciale. Cette chose unique et spéciale est un don, un talent. Cette chose spéciale et unique est un dépôt en chacun de nous. Ce don et ce talent sont déposés en nous pour un but précis et spécifique. Es-tu disposé à valoriser ton don et ton talent à la hauteur du standard divin ? Etudions la vie de quelques talentueux de la Bible pour en tirer des leçons.

1. Paul, un orateur éloquent

L'apôtre Paul était un excellent orateur, écrivain qui avait la maîtrise des Saintes Ecritures. Il avait l'art de bien dire. Dans son éloquence, il avait une bonne maîtrise des mots et il savait en faire bon usage dans des contextes différents pour faire passer son message de l'évangile. Son art oratoire lui ouvrait les portes dans toutes les sphères de la société. Alors qu'il était traduit devant les tribunaux, son éloquence poussait les juristes incrédules à réfléchir sur leur salut. Son talent a été déployé pour le maximum de personnes. Il a rédigé en tant qu'écrivain des épîtres qui ont été traduites dans toutes les langues du monde entier. Maître des mots, Dieu a puissamment utilisé son talent pour impacter le monde. Il est écrit : « **Le Seigneur lui dit : va, car cet homme est un instrument que j'ai choisi, pour porter mon nom devant les**

COMMENT DÉCOUVRIR ET RÉALISER SA DESTINÉE

nations, devant les rois, et devant les fils d'Israël ; et je lui montrerai tout ce qu'il doit souffrir pour mon nom » Actes 9 : 15-16.

2. Daniel, un homme à la sagesse extraordinaire et un homme d'excellence

Daniel décryptait et expliquait les visions et les songes. Il a cultivé et développé ce don au point de devenir conseiller des rois. Grâce au développement de son don, il excellait dans sa vie professionnelle. Son excellence a engendré sa promotion professionnelle. Quand je parle de promotion professionnelle, je ne me limite pas aux différentes positions élevées que vous pouvez avoir dans un domaine bien précis. **La promotion renvoie aux petits progrès que vous observez au niveau de votre caractère et qui attirent la faveur de vos autorités**. La promotion est également l'influence positive que vous avez dans votre environnement immédiat et lointain. Elle renvoie aussi à l'impact que vous apportez dans les différentes sphères de votre compétence. Voici ce que la Bible dit de Daniel : « **Dieu accorda à ces quatre jeunes gens de la science, de l'intelligence dans toutes les lettres, et de la sagesse ; et Daniel expliquait toutes les visions et tous les songes. Au terme fixé par le roi pour qu'on les lui amenât, le chef des eunuques les présenta à Nebucadnetsar. Le roi s'entretint avec eux ; et, parmi ces jeunes gens, il ne s'en trouvait aucun comme Daniel, Hanania, Mischaël et Azaria. Ils furent donc tous admis au service du roi. Sur tous les objets qui réclamaient de la sagesse et de l'intelligence, et sur lesquels le roi les interrogeait, il les trouvait dix fois supérieurs à tous les magiciens et astrologues qui étaient dans tout son royaume** ». Daniel 1 :17-20. **Votre promotion est cachée dans vos talents.**

3. David, un excellent musicien-guerrier

David était un excellent joueur à la harpe. Avant de devenir roi, il était berger. Grâce à son talent de roi, il fut amené devant le roi Saul. Son service rendu au roi est le point de départ de son élévation. Un tout petit talent cultivé et développé peut vous amener dans les plus hautes sphères de la société. En effet, le roi Saül était malade et seule la bonne louange le soulageait. L'Esprit de Dieu se retirait de lui et un mauvais esprit l'agitait régulièrement. Ses serviteurs lui proposèrent un homme qui sache jouer à la harpe pour son soulagement. Il est écrit : **« Saül répondit à ses serviteurs : trouvez-moi donc un homme qui joue bien et amenez-le moi. L'un des serviteurs prit la parole et dit : voici, j'ai vu un fils d'Isaii, Bethléhemite, qui sait jouer ; c'est aussi un homme fort vaillant, un guerrier, parlant bien et d'une belle figure, et l'Eternel est avec lui. Saül envoya des messagers à Isaïe, pour lui dire : envoie-moi David, ton fils, qui est avec les brebis»** 1Samuel 16 : 17-19.

4. Joseph, un interprète doué

Joseph était le fils préféré de Jacob. Il fut vendu par ses frères à cause de leur jalousie. Même loin de sa patrie et des siens, son talent l'a distingué et l'a amené à des dimensions inimaginables. Grâce à son talent, il est passé de prisonnier à gouverneur. Le talent que vous négligez est probablement celui qui vous conduira dans les sentiers de la gloire. Il est écrit : **« Pharaon dit à Joseph : j'ai eu un songe. Personne ne peut l'expliquer ; et j'ai appris que tu expliques un songe, après l'avoir entendu. Joseph répondit à Pharaon, en disant : ce n'est pas moi ! C'est Dieu qui donnera une réponse favorable au Pharaon. »** Genèse 41 : 15-16. Grâce à son talent d'interprète, Joseph a sauvé l'Egypte de la famine, il a délivré sa famille et même ses bourreaux de la faim et de la mort par la disette. Il a réussi l'exploit de transformer son malheur en source de bonheur pour les autres sans aucune forme de haine et de rancœur. Il nous montre ainsi la nécessité de rendre le mal par le bien. La bonne question à poser est celle de savoir en quoi ton talent est une source de bénédictions pour les autres si tant est que notre besoin principal est de répondre au besoin de tout homme ?

5. Betsaleel, un artiste inspiré

Betsaleel est un artiste inspiré par Dieu qui a réussi l'exploit de construire le Tabernacle, la demeure de Dieu, qui portait Sa présence. Dieu nous donne un talent pour accomplir une mission précise et spécifique. Rempli d'intelligence et de sagesse, Betsaleel a utilisé son talent pour bâtir quelque chose de grand. Il n'a pas négligé son talent d'artisan et il a réalisé des choses extraordinaires en valorisant ses talents. Il est écrit : « **l'Eternel parla à Moise et dit : Sache que j'ai choisi Betsaleel, fils d'Uri, fils de Hur, de la tribu de Juda. Je l'ai rempli de l'Esprit de Dieu, de sagesse, d'intelligence, et de savoir pour toutes sortes d'ouvrages, je l'ai rendu capable de faire des inventions, de travailler l'or, l'argent, et l'airain de graver des pierres à enchâsser, de travailler le bois, et d'exécuter toutes sortes d'ouvrages** ». Dieu est disposé à rendre grandes les petites initiatives que vous prenez. Es-tu dans l'état d'esprit de valoriser le talent de Dieu en toi ? Tu as un don, un talent, un outil divin, un équipement extraordinaire, ne le néglige pas, ne l'enterre pas, ne le méprise pas mais engage-toi à le cultiver, le développer, le déployer, l'utiliser, le perfectionner pour construire un avenir meilleur et pour répondre aux besoins des hommes et des femmes dans la société.

La valorisation de nos talents ne doit plus être une option mais une responsabilité à prendre en mains de manière permanente.

POINTS DE PRIÈRE

1 Abba ! Père ! Montre-moi comment m'accepter sans aucun complexe de supériorité ou d'infériorité.

2 Abba ! Père ! Montre-moi comment être profondément qui je suis sans me comparer à qui que ce soit.

3 Abba ! Père! Montre-moi comment valoriser et fructifier les qualités et les bonnes dispositions naturelles en moi.

4 Abba ! Père ! Montre-moi comment croître qualitativement ou quantitativement dans la valorisation de mes talents.

5 Abba ! Père ! Enseigne-moi à demeurer dans l'humilité dans tout ce que j'entreprends.

6 Abba ! Père ! Enseigne-moi à vivre pour répondre aux besoins d'un maximum de personnes autour de moi.

7 Abba ! Père ! Montre-moi comment vivre par l'Esprit et marcher par l'Esprit.

8 Abba ! Père ! Montre-moi comment vivre une vie fondée sur une foi inébranlable.

9 Abba ! Père ! Montre-moi comment prier avec audace, foi et persévérance dans les situations faciles et difficiles.

10 Abba ! Père ! Montre-moi comment affirmer ma foi dans les situations difficiles sans me compromettre.

11 Abba ! Père ! Montre-moi comment construire un autel de prière personnel dans le voyage de ma destinée.

12 Abba ! Père ! Montre-moi comment construire un autel conjugal sur le chemin de ma destinée.

13 Abba ! Père ! Montre-moi comment construire un autel familial sur le chemin de ma destinée.

14 Abba ! Père ! Enseigne-moi comment construire un autel de prière pour le salut des familles dans le voyage de ma destinée.

15 Abba ! Père ! Enseigne-moi comment construire un autel de prière pour les nations dans le voyage de ma destinée.

16 Abba ! Père ! Enseigne-moi à construire un autel de prière pour le corps de Christ dans le voyage de ma destinée.

17 Abba ! Père ! Enseigne- moi à exercer mon autorité d'enfant de

Dieu au temps convenable.

18 Abba ! Père ! Enseigne-moi à exercer mon autorité de parent dans la vie de mes enfants.

19 Abba ! Père ! Enseigne-moi à lutter dans la prière en combattant mes ennemis dans la victoire.

20 Abba ! Père ! Enseigne-moi à m'approprier toutes Tes promesses dans toutes les dimensions de ma vie.

APPROPRIATION PERSONNELLE

	Date :
Thème : TES TALENTS SONT LA CLÉ QUI OUVRE LA PORTE DE TA DESTINÉE	
SUJETS DE PRIÈRE	**RÉPONSES DE DIEU** *(Comment Dieu a-t-il répondu ? Rêve, vision, verset biblique, intuition, parole, enseignement, pensée, paix, image, anges, etc)*
COUPLE	
PAPA	
MAMAN	
ENFANTS 1	
2	
3	
4	
5	
VIE PROFESSIONNELLE	
VIE MINISTERIELLE	
INTERCESSION : Pays, famille, Corps de Christ	

JOUR 16

COMMENT DÉCODER LES SIGNES ENCODÉS PAR DIEU POUR MA DESTINÉE ?

Les signes potentiels de la destinée peuvent varier d'une personne à l'autre. Les principaux signes de destinée sont les suivants :

✂ Un fardeau et une passion profonde et persistante

Il s'agit d'un fardeau que Dieu place dans le cœur d'une personne ou des personnes les poussant à agir d'une manière spécifique. Par exemple, Néhémie a ressenti un fardeau profond pour la situation désastreuse de Jérusalem qui le motive à devenir un bâtisseur et un leader. Il est écrit : **« Ils me dirent : ceux qui sont restés de la captivité, là-bas dans la province, sont dans une misère et dans l'opprobre ; les murailles de Jérusalem sont en ruines, et ses portes sont consumées par le feu. Quand j'entendis ces choses, je m'assis, je pleurai, et je fis des jours en deuil. Je jeûnai et je priai devant le Dieu des cieux. »** **Néhémie 1 : 3-4** C'est également un sentiment fort et durable d'un appel à intervenir dans un problème spécifique pour servir un groupe de personnes ou poursuivre un objectif particulier. Le fardeau est un indicateur de la direction de Dieu. Néanmoins il faut souligner la mise en garde contre le fait de confondre un fardeau divin et une simple préférence personnelle, humaine, ou un désir égoïste. C'est ici que le discernement est d'une importance capitale.

∝ Les dons et les talents

Dans la perspective chrétienne, Dieu donne les dons et les talents dans le but de réaliser et accomplir Sa volonté. À cet effet, chaque chrétien est équipé des dons spécifiques pour accomplir sa mission sur la terre. Il y a cependant une différence entre les dons naturels qui sont des talents et les dons spirituels accordés par le Saint-Esprit aux croyants pour le service de l'Eglise. Les dons sont des capacités naturelles et des compétences qui facilitent la réalisation d'un objectif et qui nous offrent un sentiment d'épanouissement. Il est écrit ; **« il y a diversité de dons, mais le même Esprit ; diversité de ministère, mais le même seigneur ; diversité d'opérations, mais le même Dieu qui opère tout en tous » 1 Corinthiens 12 : 4 – 6.**   Ainsi, les dons sont variés, mais ils viennent tous du même Esprit et ils sont destinés à l'édification du corps de Christ. Il est écrit : **« L'un des serviteurs répondit : voici, j'ai vu un fils d'Isai, Bethléhémite, qui sait jouer ; c'est aussi un homme vaillant, un homme de guerre, parlant bien et d'une figure agréable, et l'Eternel est avec lui ». 1 Samuel 16 : 18** David démontre ses talents musicaux, un courage exceptionnel, et une grande capacité de leadership dès son jeune âge.

∝ Le principe de l'ouverture et de la fermeture des portes divines

Dans la perspective chrétienne, Dieu ouvre ou ferme une porte pour orienter vers Sa destinée. Il est écrit : **« Ecris à l'ange de L'Eglise de Philadelphie : voici ce que dit le Saint, le Véritable, celui qui a la clé de David, celui qui ouvre et personne ne peut ne fermera ; celui qui ferme, et personne n'ouvrira : Je connais tes œuvres. Voici, parce que tu as peu de puissance, et que tu as gardé ma parole, et que tu n'as pas renié mon nom, j'ai mis devant toi une porte ouverte, que personne ne peut fermer ».** C'est dire que Dieu est Souverain sur toutes les opportunités et Il est capable de transformer même les obstacles en opportunités. En ce qui concerne Joseph, dans Genèse 39 : 2-3 et 21 il est dit que : « **L'Eternel fut avec Joseph, qui devint un homme qui réussissait ; il était dans la maison de son maitre, l'Egyptien. Son maître vit que l'Eternel était avec lui, et que l'Eternel faisait prospérer entre ses mains tout ce qu'il entreprenait … L'Eternel fut avec Joseph, et il étendit sur lui sa bonté. Il le mit en faveur auprès du chef de la prison** ». Ainsi, même étant vendu comme esclave, Joseph trouve des portes ouvertes en guise de faveur et de prospérité qui le conduisent finalement à la position de gouverneur en Egypte.

ଔ La confirmation de la Parole et la communauté chrétienne

La direction divine est confirmée par les Saintes Ecritures et le conseil des croyants. **Proverbes 11 :14** affirme que : « **quand la prudence fait défaut, le peuple tombe ; le salut est dans le grand nombre de conseillers** ». Il est crucial de rechercher le conseil, la sagesse et la direction auprès des autres. Il est écrit : « **Samuel grandissait, et l'Eternel était avec lui, et il ne laissa tomber à terre aucune de ses paroles. Israèl, depuis Dan jusqu'à Beer-Schéba, reconnut que Samuel était établi prophète de l'Eternel** » 1 Samuel 3 : 19-20 . Dès sa tendre enfance, Samuel fut au service de Dieu et il recut des révélations prophétiques. Toute la nation entière reconnaît son appel prophétique. Pendant que je rendais ministère, ce sont les autres qui confirmaient mon appel dans le domaine de la famille en fonction d'excellents résultats qu'ils avaient au travers de moi. **Quand nous sommes dans la dynamique de répondre aux besoins des autres, on avance très vite dans le processus de la découverte de sa destinée.** Pendant que nous exerçons comme des médecins généralistes, Dieu nous ouvre les portes de notre spécialité.

ଔ La paix intérieure alignée avec les valeurs chrétiennes

La paix intérieure est un signe de la présence de Dieu et une preuve que Dieu approuve la direction que nous penons. Elle confirme que nous sommes sur le droit chemin. A cet effet, il est écrit : « **Et la paix de Dieu qui surpasse toute intelligence, gardera vos cœurs et vos pensées en Jésus-Christ** ». Philippiens 4 Le développement de Jésus était en harmonie avec la volonté du Père. Sa vie entière démontre un alignement parfait avec les valeurs chrétiennes. Il est écrit : « **Et Jésus croissait en sagesse, et en stature, et en grâce, devant Dieu et devant les hommes** ». Luc 2 :52 Ainsi, il est bon de souligner que le discernement est crucial pour savoir si les signes proviennent réellement de Dieu ou d'autres sources telles que les désirs personnels, les influences du monde, les amis, etc. **La question de destinée est beaucoup plus un service rendu à Dieu et aux autres que la réalisation des ambitions démesurées.** La persévérance reste un élément capital en ce sens que le chemin de la destine peut être parsemé d'obstacles et des difficultés. La foi et la patience deviennent capitales pour y parvenir. En conclusion, cinq éléments essentiels nous aident à comprendre les signes précurseurs de notre destine. Il s'agit de :

¤ La Parole de Dieu,
¤ La prière,
¤ La direction intérieure du Saint-Esprit ;
¤ Les conseillers spirituels,
¤ Les circonstances et les évènements.

POINTS DE PRIÈRE

1 Abba ! Père ! Mets dans mon cœur le fardeau pour les âmes perdues.

2 Abba ! Père ! Mets dans mon cœur le fardeau pour les enfants qui se perdent.

3 Abba ! Père! Mets dans mon cœur le fardeau pour le salut des adolescents.

4 Abba ! Père ! Mets dans mon cœur le fardeau pour le salut des célibataires femmes.

5 Abba ! Père ! Mets dans mon cœur le fardeau pour le salut des célibataires hommes.

6 Abba ! Père ! Enseigne-moi à Te suivre à travers une vie de prière fructueuse.

7 Abba ! Père ! Montre-moi comment me soumettre à la direction du Saint-Esprit.

8 Abba ! Père ! Montre-moi comment faire bon usage des orientations des conseillers spirituels.

9 Abba ! Père ! Montre-moi comment devenir sensible à la direction du Saint-Esprit.

10 Abba ! Père ! Montre-moi comment bien utiliser les circonstances et les événements qui convergent vers ma destinée.

11 Abba ! Père ! Rends-moi sensible à direction de Ta voix pendant que j'avance sur le chemin de ma destinée.

12 Abba ! Père ! Montre-moi comment construire un autel conjugal sur le chemin de ma destinée.

13 Abba ! Père ! Montre-moi comment discerner Ta voix sur le chemin de ma destinée.

14 Abba ! Père ! Enseigne-moi comment saisir les signes d'une porte fermée par Toi.

15 Abba ! Père ! Enseigne-moi à décoder les signes d'une porte

ouverte par Toi.

16 Abba : Père ! Enseigne-moi à voir ma destinée comme Tu la vois.

17 Abba ! Père ! Enseigne- moi à m'appuyer sur Ta Parole pour avancer dans le voyage de ma destinée.

18 Abba ! Père ! Enseigne-moi à comment mettre Ta Parole en pratique au quotidien sans chercher à me justifier.

19 Abba ! Père ! Enseigne-moi comment Te rencontrer personnellement pendant que je sonde les Ecritures.

20 Abba ! Père ! Enseigne-moi à m'approprier Tes promesses pendant que je sonde les Saintes Ecritures.

APPROPRIATION PERSONNELLE

	Date :
Thème : COMMENT DÉCODER LES SIGNES ENCODÉS PAR DIEU POUR MA DESTINÉE ?	
SUJETS DE PRIÈRE	**RÉPONSES DE DIEU** *(Comment Dieu a-t-il répondu ? Rêve, vision, verset biblique, intuition, parole, enseignement, pensée, paix, image, anges, etc)*
COUPLE	
PAPA	
MAMAN	
ENFANTS 1	
ENFANTS 2	
ENFANTS 3	
ENFANTS 4	
ENFANTS 5	
VIE PROFESSIONNELLE	
VIE MINISTERIELLE	
INTERCESSION : Pays, famille, Corps de Christ	

JOUR 17

ÊTRE DANS MON APPEL POUR RÉALISER MA DESTINÉE

La découverte de votre appel est fondamentale pour réaliser votre destinée. L'appel de Dieu sur votre vie est une réalité avant votre venue au monde. Il est écrit : **« Avant que je t'eusse formé dans le ventre de ta mère, je te connaissais, et avant que tu fusses sorti de son sein, je t'avais consacré, je t'avais établi prophète des nations »**, Jérémie 1:5. L'appel est la trajectoire ou la direction de Dieu pour votre vie. C'est votre couloir. C'est l'endroit où Dieu veut que vous soyez en train de faire ce qu'il a prévu pour vous. Les circonstances et les événements de la vie nous **prédisposent à sortir partiellement ou totalement de notre destinée** quand nous ne sommes pas focalisés. Il est possible de dévier notre trajectoire pour nous retrouver ailleurs. Abram a dévié sa trajectoire en faisant Ismaël avec sa servante Agar. Moïse a dévié sa trajectoire en tuant un Égyptien croyant ainsi délivrer des frères de la servitude. Jonas a voulu dévier sa trajectoire en refusant d'aller à Ninive. Nous ne pouvons atteindre le plein potentiel de notre destinée qu'en étant où Dieu veut que nous soyons. Il est impressionnant de voir les athlètes pendant les jeux olympiques courir avec concentration. Ils courent dans leur couloir, selon les règles dans le but de remporter le prix.

Dieu a placé Saul de Tarse dans son couloir pour une destinée glorieuse. Il est écrit : **« Pendant qu'ils servaient le Seigneur dans leur ministère et qu'ils jeûnaient, le Saint-**

Esprit dit: **Mettez- moi à part Barnabas et Saul pour l'œuvre à laquelle je les ai appelés » Actes 13:2.** Paul et Barnabas servaient Dieu dans la trajectoire divine dans l'église d'Antioche qui était une église d'impact. Dieu les a réorientés bien qu'ils étaient dans Son intention. Il y a eu une nouvelle orientation, une nouvelle route et **une nouvelle saison dans leur appel**. Dans la vingtaine, j'ai servi Dieu comme monitrice du Culte d'enfants. Dans la trentaine, j'étais beaucoup plus impliquée dans l'évangélisation et le discipolat et après la trentaine, j'étais plus orientée vers le discipolat en faveur de la restauration des familles. Il est fort possible que Dieu vous fraie de nouveaux chemins alors que vous êtes dans votre appel. La peur de dévier notre trajectoire est énorme mais la direction du Saint-Esprit nous rassure. C'est le Saint-Esprit qui ordonne le changement dans la vie de Paul et Barnabas alors qu'ils sont dans la direction divine. Il est intéressant de noter qu'ils **ne sont pas soumis à la direction d'un homme, d'une église mais à celle du Saint-Esprit**. Ainsi, une série de questions cruciales s'imposent: êtes- vous dans le couloir tracé par les hommes ou par Dieu ? Qui vous a envoyé dans l'exercice de votre appel, Dieu ou les hommes ? Faites- vous la volonté de Dieu ou celle des hommes ? Ils sont nombreux qui ont répondu à l'appel de leurs parents, amis, communauté, lequel appel n'a rien à voir avec le plan de Dieu pour leur vie. C'est Dieu qui appelle, qui équipe et qui forme pour une œuvre glorieuse.

Le Saint-Esprit a mis à part Paul et Barnabas en délimitant les paramètres et le cadre spatio- temporaire de leur appel. Leur appel est défini par les paramètres et les frontières établis par Dieu. Quand le Saint-Esprit appelle ailleurs, **le précédent appel devient obsolète**. Ils sont **hors appel**. Parfois, nous avons des difficultés dans nos appels parce que nous ne sommes pas au bon endroit. Il y a des évangélistes qui occupent la place de Pasteurs; des Apôtres qui sont à la place des Docteurs, des Prophètes qui ne sont pas à leur place; des hommes d'affaires qui se trouvent dans la fonction publique. Il est difficile d'être heureux et épanoui hors de ses frontières. Lorsque vous êtes en dehors de vos paramètres, et de vos frontières, vous exercez votre appel dans **la clandestinité et**

l'illégalité spirituelles qui ne sont pas source de bénédiction. Il est fort possible que Dieu t'appelle à autre chose dans ta destinée. Paul et Barnabas devaient quitter Antioche, effectuer leur premier voyage missionnaire. Ils ont été mis à part pour une œuvre, une tâche précise à accomplir. La conséquence de leur obéissance au Saint-Esprit se trouve dans le fait qu'ils ont impacté le monde.

 Il n'est pas toujours facile d'entrer dans **une nouvelle saison son de son appel**. La peur, l'angoisse de se tromper nous tiennent. Ce fut très difficile pour moi de changer de saison dans mon appel. Alors que j'avais fonctionné avec les collaborateurs de mission, Dieu m'appelait à m'établir seule dans une nouvelle orientation. Pendant que je réfléchissais et pendant que j'hésitais, il a utilisé des méthodes propres à Lui pour m'éjecter dans le but de me propulser dans la nouvelle saison. J'ai expérimenté la puissance et l'amour de Dieu dans un cœur bien disposé. Ne soyez pas inquiet, avancez avec foi et faites confiance à Dieu pour les **différentes saisons de votre appel**.

J'ai compris que, pour évoluer dans mon appel, je devais **PARTIR**. Je devais laisser les anciens collaborateurs ; me libérer des obligations précédentes, annuler toute responsabilité qui me tenait dans mes engagements précédents. Paul et Barnabas qui sont des modèles pour nous ont dû se séparer d'Antioche pour avancer. Abram a quitté la maison de ses pères pour une destination inconnue. Quand nous acceptons de partir, Dieu nous envoie, **nous relocalise et nous redéploye ailleurs pour une œuvre extraordinaire**. Il est écrit : « **Alors, après avoir jeûné et prié, ils leur imposèrent les mains, et les laissèrent partir Barnabas et Saül, envoyés par le Saint-Esprit, descendirent à Séleucie, et de là ils embarquèrent pour l'île de Chypre** ». Le Saint-Esprit nous oriente dans notre destinée, nous met à part pour une œuvre spécifique. Quand nous acceptons de partir, Dieu nous envoie et nous positionne et nous repositionne dans les différentes saisons de notre appel. Entrez dans l'intention de Dieu pour vous, trouvez votre appel et épousez-le dans votre destinée.

L'appel biblique désigne la vocation ou la mission que Dieu

confie à une personne pour accomplir une tâche spécifique dans le but de servir Son royaume. Voici quelques exemples d'appels bibliques :

1. **Abram (Abraham)** : Dieu appelle Abram à quitter sa famille et son pays pour aller dans une terre que Dieu lui montrerait (Genèse 12:1-3).

2. **Moïse** : Dieu appelle Moïse pour libérer les Israélites de l'esclavage en Égypte (Exode 3:1-4:17).

3. **Samuel** : Dieu appelle Samuel, alors enfant, pour devenir prophète et servir en tant que leader pour les Israélites (1 Samuel 3:1-21).

4. **David** : Dieu appelle David pour devenir roi d'Israël, malgré son statut d'enfant de berger (1 Samuel 16:1-13).

5. **Les apôtres** : Jésus appelle les apôtres pour le suivre et devenir des pêcheurs d'hommes (Matthieu 4:18-22, Marc 1:16-20).

6. **Paul (Saul)** : Jésus appelle Paul, alors persécuteur des chrétiens, pour devenir apôtre des Gentils (Actes 9:1-31).

7. **Les prophètes** : Dieu appelle les prophètes pour transmettre Ses messages à Son peuple, comme Isaïe, Jérémie, Ézéchiel, et les Douze Petits Prophètes.

Ces exemples montrent que l'appel biblique peut prendre différentes formes et être adressé à des personnes de tous les horizons. L'essentiel est de le reconnaître et de répondre à cet appel pour servir Dieu et Son royaume.

POINTS DE PRIÈRE

1. Abba ! Père ! Révèle –moi mon appel dans son entièreté.

2. Abba ! Père ! Révèle-moi les articulations de mon appel.

3. Abba ! Père! Guide-moi sur le chemin de mon appel.

4. Abba ! Père ! Ne permets pas que je m'égare sur le chemin de mon appel.

5. Abba ! Père ! Forme-moi sur le chemin de mon appel.

6. Abba ! Père ! Enseigne-moi sur le chemin de mon appel.

7. Abba ! Père ! Montre-moi comment agir et opérer sur le chemin de mon appel.

8. Abba ! Père ! Montre-moi comment vivre une obéissance totale sur le chemin de ma destinée.

9. Abba ! Père ! Montre-moi comment discerner Ton appel sur la vie de chacun de mes enfants.

10. Abba ! Père ! Montre-moi comment discerner Ton appel sur la vie de mon époux, mon épouse, le père de mes enfants, la mère de mes enfants.

11. Abba ! Père ! Montre-moi les différentes saisons de mon appel.

12. Abba ! Père ! Montre-moi comment aider mes enfants à réaliser leur appel.

13. Abba ! Père ! Montre-moi les domaines où je suis en dehors de Ton plan.

14. Abba ! Père ! Enseigne-moi à donner la priorité à Ton appel.

15. Abba ! Père ! Enseigne-moi à quitter pour réaliser mon appel sans délaisser mes enfants et ma famille.

16. Abba : Père ! Enseigne-moi à renoncer pour mieux me consacrer dans la réalisation de Ton appel sur ma vie.

17. Abba ! Père ! Enseigne- moi à comprendre ce que dois endurer pour la réalisation de mon appel.

18. Abba ! Père ! Enseigne-moi à discerner Ta voix sur le chemin de mon appel.

19. Abba ! Père ! Enseigne-moi à rester à ma place pour payer le prix qu'il faut sur le chemin de mon appel.

20. Abba ! Père ! Enseigne-moi à aimer mon appel et à le réaliser selon Ton timing.

APPROPRIATION PERSONNELLE

	Date :
Thème : ÊTRE DANS MON APPEL POUR RÉALISER MA DESTINÉE	
SUJETS DE PRIÈRE	**RÉPONSES DE DIEU** *(Comment Dieu a-t-il répondu ? Rêve, vision, verset biblique, intuition, parole, enseignement, pensée, paix, image, anges, etc)*
COUPLE	
PAPA	
MAMAN	
ENFANTS 1	
2	
3	
4	
5	
VIE PROFESSIONNELLE	
VIE MINISTERIELLE	
INTERCESSION : Pays, famille, Corps de Christ	

JOUR 18

COMMENT IDENTIFIER L'APPEL DE DIEU SUR MA VIE ?

Plusieurs chrétiens ne savent pas quel est l'appel de Dieu sur leur vie. Ils sont activement impliqués dans des programmes où Dieu ne les attend pas. Ils passent facilement à côté de ce que Dieu avait prévu pour eux depuis la fondation du monde. Jésus, avant de commencer son ministère public avait une idée très claire de son appel. D'entrée de jeu, il déclare : **« l'Esprit du Seigneur est sur moi, parce qu'il m'a oint pour annoncer la bonne nouvelle aux pauvres ; il m'a envoyé pour guérir ceux qui avaient le cœur brisé, pour proclamer aux captifs la délivrance, et aux aveugles le recouvrement de la vue, pour renvoyer libres les opprimés, pour publier une année de grâce du Seigneur »** **Luc 4 : 18-19**. Dans la description de l'appel de Jésus, il est clair qu'il savait exactement ce qu'il est venu réaliser sur la terre. Ainsi, il est resté focalisé sur les paramètres de son appel alors qu'il était capable de réaliser plusieurs autres choses à la fois pendant trois bonnes années. L'appel est le mandat divin avec une faveur pour accomplir une chose précise. Saul de Tarse, sur le chemin de Damas a personnellement demandé à Dieu ce qu'il devait faire et il a obtenu une réponse claire : **porter mon nom devant les nations.**

Pour connaître son appel, il faut aller vers Dieu comme Paul et se concentrer sur son origine spirituelle. Aucune personne que ce soit le pasteur, le mentor, un membre de notre famille ne peut nous dire avec exactitude quel est notre appel. Certes, ils peuvent nous orienter et nous guider mais Dieu seul, notre créateur peut nous dire clairement notre appel. Il l'a fait avec Jérémie et il le fera pour vous. Il est écrit : **« avant que je ne t'eusse formé dans le ventre de ta mère, je te connaissais, et avant que tu fusses sorti de son sein, je t'avais consacré, je t'avais établi prophète des nations » Jérémie 1 :5.** C'est dans un dialogue que le Créateur révèle à Jérémie son appel. C'est dans la demeure dans la présence de Dieu par la Parole et la prière que nous pouvons découvrir notre appel. C'est dans l'intimité profonde avec Dieu qu'il nous montre exactement ce que nous devons réaliser. C'est pourquoi le processus commence par la nouvelle naissance dans la famille de Dieu. Nous devons expérimenter la transformation totale que seul le Saint-Esprit peut opérer en nous. Ensuite, nous devons vivre une communion avec le Père.

Vous pouvez répondre aux questions suivantes pour discerner votre appel : Quelle était l'intention de Dieu quand il me créait ? Quel est le rêve de Dieu pour ma vie ? La bonne nouvelle est la suivante : **nos dons révèlent notre appel.** Plus nous identifions nos dons, plus notre appel se dessine.

La prière et l'écoute sont indispensables pour ouvrir nos cœurs à la voix de Dieu. Retirez-vous dans un cadre silencieux dans le but de vous connecter à Dieu et Lui demander de vous révéler Son plan pour votre vie. Ne vous bornez pas à parler mais apprenez à écouter ce qu'il vous dira. Méditez les Ecritures car la Bible est le livre d'inspiration et de sagesse qui peut guider vos pas sur le chemin. La prière basée sur la Parole de Dieu et l'écoute sont des éléments importants pour la destinée.

Examinez vos dons et vos talents pour reconnaitre les outils mis à votre disposition. Nous avons des dons et des talents uniques. Vous pouvez identifier vos dons et talents en faisant un répertoire des activités que vous faites bien et qui vous passionnent ; les activités qui vous remplissent de joie et d'énergie ainsi que les compétences que les autres apprécient particulièrement en vous. Vos dons et vos talents sont des indices capitaux de votre appel. Ils sont des outils que Dieu met à votre disposition pour accomplir Sa volonté. Mettez vos talents et vos dons au service d'un maximum de personnes.

Vos passions et vos désirs profonds sont également des indicateurs de l'appel de Dieu sur votre vie. Pour identifier ces passions et ces désirs profonds, posez-vous les questions suivantes :

- ❖ Qu'est-ce qui vous touche au plus profond de votre cœur ?
- ❖ Quelles sont les injustices qui vous révoltent,
- ❖ Quels sont les problèmes que vous souhaiteriez résoudre ?
- ❖ Quel est le fardeau que vous avez dans le cœur, le feu qui brûle dans votre cœur maintenant ?

Engagez-vous à suivre vos aspirations sous la direction du Saint-Esprit dans le but d'accomplir les bonnes œuvres préparées par Dieu pour que vous les réalisiez. Dieu veut utiliser vos passions pour vous guider sur la voie de votre destinée.

L'appel de Dieu est une invitation personnelle, un murmure divin qui résonne au fond de votre cœur vous poussant à réaliser quelque chose. C'est une relation intime avec Dieu qui nécessite un processus de l'intérieur vers l'extérieur. Vous devez d'abord avoir la conviction personnelle de l'intérieur de votre cœur, votre être profond et de ce que Dieu veut que vous fassiez avant de chercher tout secours extérieur. Restez dans la présence de Dieu par la prière et la Parole, l'écoute attentive de Sa voix et n'oubliez pas qu'un appel à un travail spécifique n'exclut pas le travail collectif. Tous les chrétiens sont appelés à évangéliser, faire des disciples et Dieu peut vous appeler de manière spécifique à la louange, à être évangéliste, pasteur, apôtre, docteur, enseignant, intercesseur, etc.

POINTS DE PRIÈRE

1 Abba ! Père ! Montre-moi comment identifier Ton appel dans ma vie.

2 Abba ! Père ! Montre-moi comment accepter cet appel.

3 Abba ! Père ! Montre-moi comment le valoriser et le fructifier.

4 Abba ! Père ! Montre-moi comment écrire le verset sur lequel repose mon appel.

5 Abba ! Père ! Montre-moi comment donner la priorité à mon appel en toutes choses.

6 Abba ! Père ! Enseigne-moi à bien agir selon les responsabilités de mon appel.

7 Abba ! Père ! Montre-moi comment vivre dans la sainteté pour la réalisation de mon appel.

8 Abba ! Père ! Montre-moi comment demeurer dans Ta présence pour réaliser mon appel

9 Abba ! Père ! Montre-moi comment impliquer d'autres personnes dans la réalisation de mon appel.

10 Abba ! Père ! Montre-moi comment dépendre du Saint-Esprit pour la réalisation de mon appel.

11 Abba ! Père ! Montre-moi comment discerner les saisons de mon appel.

12 Abba ! Père ! Montre-moi comment discerner les lieux où je dois aller annoncer la Bonne Nouvelle.

13 Abba ! Père ! Montre-moi comment avancer convenablement dans le voyage de ma destinée.

14 Abba ! Père ! Montre-moi comment vivre pour accomplir mon appel.

15 Abba ! Père ! Montre-moi les dimensions de mon appel qui ont besoin d'innovations.

16 Abba : Père ! Enseigne-moi à opérer dans le surnaturel pendant que j'exerce mon ministère.

17 Abba ! Père ! Enseigne- moi à demeurer dans Ta volonté parfaite pendant que je suis dans la mission.

18 Abba ! Père ! Enseigne-moi à entretenir le feu dans mon cœur.

19 Abba ! Père ! Enseigne-moi à discerner Ta volonté pour apporter des solutions aux injustices de la société.

20 Abba ! Père ! Enseigne-moi à discerner Ta volonté pour résoudre

des problèmes précis dans l'exercice de mon appel.

APPROPRIATION PERSONNELLE

	Date :
Thème : COMMENT IDENTIFIER L'APPEL DE DIEU SUR MA VIE ?	
SUJETS DE PRIÈRE	**RÉPONSES DE DIEU** *(Comment Dieu a-t-il répondu ? Rêve, vision, verset biblique, intuition, parole, enseignement, pensée, paix, image, anges, etc)*
COUPLE	
PAPA	
MAMAN	
ENFANTS 1	
2	
3	
4	
5	
VIE PROFESSIONNELLE	
VIE MINISTERIELLE	
INTERCESSION : Pays, famille, Corps de Christ	

JOUR 19

DÉCOUVRIR SON IDENTITÉ POUR ENTRER DANS SA DESTINÉE

Notre identité est la pierre angulaire de notre existence, le fondement sur lequel nous construisons notre vie. Elle influence nos choix, nos relations et notre perception du monde .Découvrir son identité n'est pas une simple investigation sur soi mais c'est une exploration profonde unique de la personne que Dieu a créée. Quand nous comprenons qui nous sommes avec nos forces et nos faiblesses, nos dons et nos passions, nous sommes disposés à vivre une vie enrichissante et impactant d'autres vies. Cette exploration, loin d'être une quête égoïste et égocentrique, est essentielle pour accomplir notre destinée et répondre à l'appel que Dieu a placé en nous. Je vous propose cinq clés pour démystifier votre identité réelle sous la houlette de la sagesse biblique et des exemples inspirants.

1. Valorisez ce qui est naturel en vous !

Les prédispositions sont des capacités qui sont enfouies en vous. Il s'agit des talents innés en vous. Ils sont des aptitudes qui viennent sans efforts en vous. Elles renvoient à ce qui vous distingue des autres, ce qui fait votre unicité. **Dieu nous a créés pour un but qui est intimement lié à notre nature profonde.** Naturellement, David avait une habileté extraordinaire dans l'utilisation de la fronde fut choisi par Dieu pour vaincre Goliath 1 Samuel 17. Son talent naturel devint un instrument de victoire. L'athlète Usain Bolt, avec sa vitesse innée, a transformé sa passion en une carrière exceptionnelle inspirant le monde entier. L'une des façons d'honorer la création et glorifier Dieu, c'est en reconnaissant et en valorisant ce qui est naturel en vous et en vous ouvrant aux excellentes possibilités qu'Il a préparées pour nous.

2. Valorisez ce que les gens apprécient en vous

Prenez du temps et identifiez avec exactitude les compétences, les qualités, les traits de caractère qui touchent et inspirent les personnes qui vous entourent et que les gens valorisent en vous. Il est écrit : **« Que votre lumière luise ainsi devant les hommes afin qu'ils voient vos bonnes œuvres, et qu'ils glorifient votre Père qui est dans les cieux » Matthieu 5 :16** Les compliments, les encouragements, les reconnaissances que vous recevez sont d'excellents indices sur votre identité. Barnabas dont le nom signifie **« fils d'encouragement »** était apprécié pour sa capacité à édifier et encourager les autres dans Actes 4 : 36-37. Il utilisa son don pour soutenir Paul dans son ministère. **Valorisez vos qualités en servant un maximum de personnes.** En reconnaissant les qualités que Dieu a placées en vous, les compétences que les gens apprécient en vous, vous valorisez les capacités placées en vous par Dieu et vous avez la lourde mission de les mettre davantage au service des autres.

3. Cultivez ce qui porte du fruit en vous est un atout incommensurable

Quand nous parlons de porter du fruit, nous faisons référence aux projets, activités, relations qui produisent des résultats qui impactent positivement le monde qui nous entoure. Il est écrit à cet effet que : **« tout arbre qui ne porte pas de bons fruits sera coupé et jeté au feu » Matthieu 7 :19.** L'absence de fruits peut être un signe tangible que vous n'êtes pas sur le bon chemin alors que l'abondance de fruits est une confirmation de votre appel. Jésus a dit : **« C'est à cela que mon Père est glorifié, c'est que vous portiez beaucoup de fruit et que vous soyez mes disciples » Jean 15 : 8.** Dorcas, par ses œuvres de bienveillance, apporta la joie et le soulagement aux veuves et aux pauvres dans **Actes 9 : 36-37.** Son ministère portait du fruit témoignant ainsi sa foi et son amour. En cultivant ce qui porte du fruit en vous, vous apportez votre contribution à l'œuvre de Dieu et vous accomplissez votre destinée. Jetez un regard introspectif dans votre vie, identifiez vos succès et valorisez- les car vous pouvez être un piètre joueur mais un excellent coach, un excellent enseignant mais un mauvais gestionnaire. Choisissez d'être un arbre qui porte du fruit en sa saison. Mais avant, identifiez quel arbre vous êtes car un manguier ne saurait produire le pommes. **Vous avez des résultats médiocres parce que vous essayez d'être une autre personne, un arbre qui n'est pas vous.** Quel arbre êtes-vous et quelle est la saison de vos fruits. Retenez que les gens viendront de partout vous consulter grâce aux fruits que vous portez.

4. Entretenez et nourrissez ce que vous savez faire

Ne négligez pas ce que vous faites et qui constitue une source de bénédictions. Vos qualités et vos capacités naturelles sont des dispositions qui ont besoin d'être développées pour accomplir leur but en vous. **Ce que nous faisons bien de manière naturelle est indice visible de notre appel.** David a su cultiver ses talents au point qu'on pouvait le consulter en cas de besoin. Le musicien David, un passionné de la musique, utilisa son talent pour louer Dieu et pour réconforter le roi. Il est écrit : « « 1 Samuel 16 : 14-23. Sa passion devint un instrument de guérison et de connexion spirituelle. En nourrissant et en entretenant ce que vous aimez faire, vous vous épanouissez et vous vous ouvrez à la direction divine.

5. Entourez- vous des personnes qui vous édifient

Connaitre son identité ne signifie pas que vous devez évoluer seul. **Entourez-vous des compagnons du voyage de votre destinée car vous ne pouvez pas réussir tout seul.** La connaissance approfondie de soi est une prédisposition pour mieux s'affirmer dans le groupe sans pour autant se compromettre. Dans le voyage de découverte de soi, la solitude n'est pas une bonne option. Aussi vrai que le proverbe nous dit que le fer aiguise le fer et l'homme aiguise la personne de son prochain, entourez-vous des personnes qui vous aident à avancer, qui vous poussent vers le haut, qui croient en vous devient un élément primordial dans le processus de découverte et d'affirmation de votre destinée. Dans la bataille contre les Amalécites, Aaron et Hur soutenaient les bras de Moise Exode 17 : 12. Ces personnes sont pour vous des catalyseurs qui vous aident à donner le meilleur de vous, à ne pas vous décourager durant les moments difficiles et à entrer pleinement dans votre destinée.

Découvrir sa destinée est un pas déterminant dans le processus dynamique de de la réalisation de sa destinée. En valorisant votre identité personnelle, en accordant du prix aux appréciations des autres, en cultivant ce qui vous fait porter du fruit, en entretenant et en nourrissant ce que vous aimez faire, en vous appuyant sur la sagesse divine et en prenant en compte les appréciations des autres, vous dévoilez les mystères de votre être profond et vous marcherez avec plus d'assurance sur le chemin de votre destinée. Exercez-vous à découvrir qui vous êtes profondément pour déverrouiller votre potentiel et laisser une empreinte positive sur le monde.

POINTS DE PRIÈRE

1 Abba ! Père ! Montre-moi comment accepter ce qui est naturel en moi afin d'affirmer ma personnalité.

2 Abba ! Père ! Montre-moi comment valoriser ce qui est naturel en moi pour que je ne tombe pas dans le piège des comparaisons serviles.

3 Abba ! Père! Montre-moi comment multiplier ce qui est naturel en moi pour laisser un saint héritage biologique.

4 Abba ! Père ! Montre-moi comment multiplier ce qui est naturel en moi pour laisser un saint héritage spirituel.

5 Abba ! Père ! Enseigne-moi pour que j'accepte ce que les autres valorisent en moi sans toutefois tomber dans la fausse modestie.

6 Abba ! Père ! Enseigne-moi à vivre pour satisfaire un grand nombre de personnes en les aidant à découvrir et à réaliser leur destinée.

7 Abba ! Père ! Montre-moi comment valoriser les qualités que Tu as déposées en moi.

8 Abba ! Père ! Montre-moi comment vivre une vie basée sur les compétences et les dispositions naturelles en moi.

9 Abba ! Père ! Montre-moi comment identifier ce qui porte du fruit dans les différents domaines de ma vie.

10 Abba ! Père ! Montre-moi comment valoriser et fructifier ce qui porte du fruit dans ma vie spirituelle.

11 Abba ! Père ! Montre-moi comment valoriser et fructifier ce qui porte du fruit dans ma vie familiale.

12 Abba ! Père ! Montre-moi comment valoriser et fructifier ce qui porte du fruit dans ma vie professionnelle.

13 Abba ! Père ! Montre-moi comment valoriser et fructifier ce qui porte du fruit dans ma vie ministérielle.

14 Abba ! Père ! Enseigne-moi comment nourrir et entretenir

les dispositions naturelles en moi sans aucune forme de complexes.

15 Abba ! Père ! Enseigne-moi comment cultiver les dispositions naturelles en moi.

16 Abba : Père ! Enseigne-moi fructifier et à valoriser les dispositions naturelles en moi.

17 Abba ! Père ! Enseigne- moi à discerner les partenaires et les collaborateurs dans le champ de mission.

18 Abba ! Père ! Enseigne-moi à discerner clairement la mission des collaborateurs dans ma vie.

19 Abba ! Père ! Enseigne-moi à discerner clairement la mission que je dois accomplir personnellement dans la vie de ces collaborateurs et partenaires de mission.

20 Abba ! Père ! Enseigne-moi à payer le prix de Moise pendant que je cherche les Aaron et les Hur.

APPROPRIATION PERSONNELLE

	Date :
Thème : DÉCOUVRIR SON IDENTITÉ POUR ENTRER DANS SA DESTINÉE	
SUJETS DE PRIÈRE	**RÉPONSES DE DIEU** *(Comment Dieu a-t-il répondu ? Rêve, vision, verset biblique, intuition, parole, enseignement, pensée, paix, image, anges, etc)*
COUPLE	
PAPA	
MAMAN	
ENFANTS 1	
2	
3	
4	
5	
VIE PROFESSIONNELLE	
VIE MINISTERIELLE	
INTERCESSION : Pays, famille, Corps de Christ	

JOUR 20

TON IDENTITÉ RÉVÈLE TA DESTINÉE

L'identité en Christ est le fondement sur lequel repose notre destinée. Quand nous comprenons qui nous sommes en Jésus, nous pouvons mieux appréhender le plan qu'il a pour nos vies. Cette dynamique nous encourage à réaliser les promesses de Dieu et à vivre pleinement dans la perspective de la volonté parfaite de Dieu. Il est bon de répondre à la question **QUI SUIS-JE ?**

ଓ Les cinq questions essentielles sur mon identité

Il y a cinq principes essentiels qui gouvernent le succès de nos destinées. Ces principes sont les suivants :
- ⌘ Le principe de la connaissance de soi.
- ⌘ Le principe de la connaissance de sa mission terrestre.
- ⌘ Le principe de la découverte de sa zone d'excellence.
- ⌘ Le principe de la bonne gestion du temps.
- ⌘ Le principe de la formation continue.

1. Le principe de la connaissance de soi

Nombreux sont ceux qui ne savent pas exactement qui ils sont. Avant toutes réalisations, il est important de se poser une série de questions et s'atteler à trouver des éléments de réponse justes. Il s'agit entre autres de :
- ❖ Suis- je solitaire ou social ?

❖ Suis-je actif ou réactif ?
❖ Suis-je introverti, extraverti ou ambiverti (à la fois introverti et intraverti selon les situations) ?
❖ Quel est mon type de personnalité ?
❖ Quels sont mes passions, mes intérêts et mes talents ?

Les hommes qui réussissent sont ceux qui savent qui ils sont et qui valorisent leur identité.

2. Le principe de la connaissance de sa mission terrestre

Dieu a une mission pour chacun de nous. Jésus-Christ commence son ministère en déclarant la mission qu'il est venu accomplir sur la terre. Pierre était l'apôtre des Juifs et Paul était l'apôtre des non-Juifs. Plusieurs posent la question de savoir **comment découvrir leur mission**. Je vous propose **cinq éléments** qui pourront vous aider à identifier clairement votre mission.

✓ Dites à Dieu : « je suis totalement disponible pour le service. Que veux-tu que je fasse ? »
✓ Qu'est-ce que vous aimez faire avec beaucoup d'amour et de passion ?
✓ Qu'est-ce que vous pouvez faire pour répondre aux besoins des hommes et des femmes dans votre environnement immédiat ou lointain ? Chaque homme est né pour répondre aux besoins des autres. **Ce que vous possédez n'est pas votre propriété privée mais une richesse, une bénédiction pour les autres. Vous êtes un détenteur provisoire, un intendant, un économe qui se doit d'être fidèle.**
✓ Quels sont les domaines dans lesquels vous excellez et dans lesquels vous êtes doué de telle sorte que les autres réalisent que vous êtes différent des autres.
✓ Vos talents aiguisés et fructifiés peuvent-ils vous procurer la rémunération nécessaire pour votre épanouissement multidimensionnel ?

3. Le principe de la découverte de sa zone d'excellence

Il y a en chacun de nous une zone d'excellence qui est enfouie au fond de nous. La zone d'excellence est une zone de génie. Le célèbre physicien Albert Einstein pouvait déclarer que : **« Tout le monde est un génie ».** Comment pouvez-vous identifier votre zone de génie et d'excellence ? Votre zone d'excellence est un domaine dans lequel les choses sont faciles pour vous quand bien même elles sont difficiles et complexes pour les autres. Quand vous êtes en pleine activité dans votre zone d'excellence et de génie, le temps passe très rapidement sans que vous ne vous rendiez compte. Vous obtenez d'excellents résultats dans votre zone d'excellence Dans votre zone d'excellence et de génie, vous éprouvez du plaisir dans la réalisation de votre travail et la fatigue s'en va dès lors que vous commencez à exercer dans ce domaine. J'ai un jeune frère qui est capable de conduire la voiture 20 heures sur 24 sans ressentir une quelconque fatigue. L'apôtre Paul enseignait des jours entiers et des nuits entières sans ressentir une certaine fatigue. Je me souviens que même fatiguée, c'est l'enseignement qui me redonne la force et la vigueur. Vous convenez avec moi que plusieurs tournent en rond parce qu'ils n'ont pas encore identifié clairement leur zone d'excellence et de génie ou encore ils ne fructifient pas leur zone de génie et d'excellence pour un plein potentiel. Quelle est votre zone d'excellence et comment comptez-vous prendre soin d'elle ?

4. Le principe de la bonne gestion du temps

Gérer son temps est un art qui s'apprend au quotidien. Le succès est étroitement lié à la bonne gestion du temps. La bonne gestion du temps nous prédispose au succès et sa mauvaise gestion nous prédispose à l'échec. **Le secret de la bonne gestion du temps consiste à devenir maître de son temps et non devenir une victime qui subit le temps.** Nous avons tous 24 heures en une journée mais ceux qui dominent et dirigent le temps sont ceux qui en font bon usage contrairement à ceux qui le subissent. Comment peut-on bien diriger son temps ? Il faut :

- ✓ Orienter son temps vers les priorités et les priorités des priorités.
- ✓ Orienter son temps vers ce qui porte le fruit qui demeure.
- ✓ Orienter sa vie vers sa mission sur terre.
- ✓ Définir ses objectifs à court, moyen, et long terme.
- ✓ Prier comme un mode de vie.
- ✓ S'investir dans le discipolat reproducteur.
- ✓ Etre un disciple reproducteur.
- ✓ Faire des discipolat reproducteur.
- ✓ S'évaluer régulièrement et quotidienne de manière objective.
- ✓ Investir prioritairement dans votre destinée et toutes ses ramifications.

Voltaire nous enseigne qu' 'il y a quatre manières de perdre son temps :

- *« ne rien faire,*
- *ne pas faire,*
- *mal faire,*
- *le faire à contretemps ».*

La Bible nous montre le bienfondé de gérer le temps en ces termes : **« Enseigne-nous à bien compter nos jours, afin que nous appliquions notre cœur à la sagesse ». Psaumes 90 :12.**

5. Le principe de la formation continue

Jésus a formé ses disciples pendant trois bonnes années de manière continue. Après son départ pour le ciel, il avait tout ce dont il avait besoin pour accomplir Sa mission en son absence physique. Marie, aux pieds de Jésus avait choisi la bonne part qui consistait à s'abreuver aux pieds du Maître. Dans notre jargon d'enseignants, nous avons l'habitude de dire que celui qui cesse d'apprendre doit cesser d'enseigner. Tout comme Josué aux pieds de Moise ; Timothée aux pieds de Paul et Elisée aux pieds d'Elie, il est crucial de s'inscrire dans une dynamique de formation continue. Plusieurs me poseront la question de savoir comment se former ; Je répondrai en disant **Dieu qui est le pédagogue par excellence et il a suscité des personnes pour nous former et nous bâtir dans notre environnement.** Ces instruments d'équipement peuvent être des mentors, coaches, livres, personnes, formations, séminaires, conférences, etc. Il est fondamental de payer le prix de sa formation pour une croissance multidimensionnelle équilibrée. La différence entre deux chrétiens qui ont le même âge spirituel réside dans le prix à payer pour la formation continue et diversifiée dans le discipolat reproducteur.

POINTS DE PRIÈRE

1   Abba ! Père ! Montre-moi comment assurer ma croissance continue par la prière et les routines d'actions de grâces.

2   Abba ! Père ! Montre-moi comment assurer ma croissance continue par les études bibliques personnelles régulières.

3   Abba ! Père! Montre-moi comment assurer ma croissance par une foi persévérante en Tes promesses.

4   Abba ! Père ! Montre-moi comment assurer ma croissance par la dépendance totale au Saint-Esprit.

5   Abba ! Père ! Forme-moi pour que je discerne clairement les domaines où j'excelle et dans lesquels je porte facilement du fruit.

6   Abba ! Père ! Enseigne-moi à vivre pour répondre aux besoins des personnes dans mon environnement immédiat et lointain.

7   Abba ! Père ! Montre-moi comment faire bon usage des talents pour qu'ils me conduisent dans la réalisation de ma destinée.

8   Abba ! Père ! Montre-moi comment vivre une vie motivée par la multiplication de mes talents pour le salut d'un maximum de personnes.

9   Abba ! Père ! Montre-moi comment discerner avec exactitude ma zone de génie pour fructifier les talents que Tu as enfouis en moi.

10 Abba ! Père ! Montre-moi comment valoriser ma zone de génie en lui donnant la priorité en toutes choses.

11 Abba ! Père ! Montre-moi comment prier efficacement pour atteindre mon plein potentiel dans ma zone d'excellence et de génie.

12 Abba ! Père ! Montre-moi comment faire de ma zone de génie une source de bénédictions pour un grand nombre de

personnes.

13 Abba ! Père ! Montre-moi comment diriger mon temps avec beaucoup de sagesse et de perspicacité.

14 Abba ! Père ! Enseigne-moi la puissance et l'impact de la bonne gestion du temps sur l'accomplissement de Ton plan parfait dans ma vie.

15 Abba ! Père ! Enseigne-moi la puissance cachée dans l'orientation de mon temps vers les choses qui portent du fruit.

16 Abba : Père ! Enseigne-moi à orienter mon temps vers les objectifs à atteindre et Ta volonté parfaite.

17 Abba ! Père ! Enseigne- moi à payer le prix de ma formation afin que je sois la personne que Tu veux que je sois.

18 Abba ! Père ! Enseigne-moi à effectuer des formations permanentes qui feront de moi une personne au caractère sanctifié.

19 Abba ! Père ! Enseigne-moi à m'inscrire aux formations qui m'aideront à croître dans l'évangélisation.

20 Abba ! Père ! Enseigne-moi à me former dans le domaine du   discipolat.

APPROPRIATION PERSONNELLE

	Date :
Thème : TON IDENTITÉ RÉVÈLE TA DESTINÉE	
SUJETS DE PRIÈRE	**RÉPONSES DE DIEU** *(Comment Dieu a-t-il répondu ? Rêve, vision, verset biblique, intuition, parole, enseignement, pensée, paix, image, anges, etc)*
COUPLE	
PAPA	
MAMAN	
ENFANTS 1	
2	
3	
4	
5	
VIE PROFESSIONNELLE	
VIE MINISTERIELLE	
INTERCESSION : Pays, famille, Corps de Christ	

JOUR 21

QUEL EST LE LIEN ENTRE VOTRE ORIGINE ET VOTRE DESTINÉE ?

Il y a un lien étroit entre l'origine et la destinée. Adam et Eve sont les premiers humains. Ils ont été créés par Dieu. Il est écrit : **« Dieu créa l'homme à son image, il le créa à l'image de Dieu, il créa l'homme et la femme» Genèse 1 : 27.** Leur désobéissance a engendré la chute. Néanmoins, cela a également ouvert la voie au plan de rédemption de Dieu pour le salut de l'humanité par le biais de la descendance de la femme selon **Genèse 3 :15 «Je mettrai l'inimitié entre toi et la femme, entre sa postérité et ta postérité : celle-ci écrasera ta tête, et tu lui blesseras le talon ».** Dans le jardin d'Eden, Adam et Eve avaient la responsabilité de cultiver et de garder le jardin **(Genèse 2 :15)**. Ainsi, leur origine humaine imparfaite a entraîné une destinée qui intègre la promesse de Dieu. **Quel que soit l'état de décadence et de dégradation de votre passé, il est possible de repartir sur de nouvelles bases par le sang de l'agneau.** Que le sang de Jésus purifie nos passés corrompus et nous délivre de toutes formes de malédictions familiales, ancestrales, territoriales, et générationnelles.

Abraham vient d'Ur des Chaldéens, une ville idolâtre selon **Josué 24 :2 « Josué dit à tout le peuple : ainsi parle l'Eternel, le Dieu d'Israël : vos pères, Térach, père d'Abraham et père de Nachor, habitaient anciennement de l'autre côté du fleuve, et ils servaient d'autres dieux ».** Il est appelé par Dieu à quitter son pays et sa famille. Malgré son origine idolâtre, il devint le père des croyants, d'une grande nation, Israël. Il est considéré comme le modèle de la foi selon **Romains 4 :3**. Il est devenu l'ancêtre de Jésus, réalisant ainsi la promesse divine de bénédiction pour toutes les nations de la terre d'après **Genèse 12 : 3.** Le fait que **vous soyez issu d'une famille païenne et idolâtre ne devrait pas constituer un frein pour votre éclosion spirituelle.** Je pense personnellement que le fait d'avoir adoré les faux dieux est une bonne prédisposition à servir Dieu d'une manière extraordinaire. Je vous encourage à ne pas laisser votre passé vous limiter. Avancez dans la trajectoire de votre destinée avec vos forces et vos faiblesses car Dieu a besoin d'elles pour construire vote **équilibre.**

Joseph, était le fils préféré de Jacob, qui fut vendu par ses frères comme esclave en Egypte selon **Genèse 37 :28.** En dépit de ses souffrances, il devint gouverneur d'Egypte et sauva sa famille de la famine à en croire **Genèse 41 : 46- 57.** Son histoire illustre clairement comment Dieu peut utiliser les épreuves et les difficultés pour accomplir un destin glorieux. Autrement dit, même les origines difficiles peuvent mener à une destinée de salut pour plusieurs. Vos expériences douloureuses ne sont pas vaines. Elles ont une portée qui s'inscrit dans votre destinée, Je prie afin que les circonstances et les événements douloureux de nos vies soient transformés en sources de bénédiction pour un maximum de personnes. Les souffrances de Jésus ont apporté le salut au monde. Les souffrances de Joseph ont sauvé sa famille et Israèl de la famine. De la prison à la primature, il a expérimenté une métamorphose complète. **En quoi tes souffrances sont-elles une source de bénédictions pour ton conjoint, ta conjointe, ton foyer, tes enfants, ta famille, tes collègues de service, tes partenaires dans le champ de mission et le corps de Christ ?**

Moise est né d'une famille hébraïque mais il a été élevé dans la maison de Pharaon ce qui lui confère une position unique **Exode 2 : 1-10.** Sa mission consistait à libérer les Israélites de l'esclavage en Egypte dans l'optique de les conduire vers la terre promise, **Exode 3 : 10.** Grâce à sa formation de prince d'Egypte, il est capable de comprendre les deux cultures. Cette double identité est capitale pour son leadership car il incarne la transformation d'une origine d'esclave en une destinée de liberté et de leadership spirituel. Quelle est votre origine ? Etes-vous riche ou pauvre, de la classe des prolétaires ou des bourgeois, blancs ou noirs, laissez-moi vous dire que votre **origine aussi misérable fut-elle est le point de départ de votre destinée glorieuse.** Arrêtez d'avoir honte de votre tribu, pays, communauté locale, vos parents, votre teint, votre taille car Dieu veut transformer votre esclavage en liberté.

David est le plus jeune fils d'un berger nommé Jessé qui commença sa vie comme un simple berger. Il est écrit : « …. » **1 Samuel 16 : 11**. Il devint un roi et un homme selon le cœur de Dieu selon qu'il est écrit : « ….. ». **Actes 13 : 22**. David est également l'ancêtre de Jésus reliant ainsi son origine modeste à une destinée royale et spirituelle. Sa vie est une démonstration palpable de ce que **Dieu choisit les personnes humbles pour accomplir Ses plans.** De la bergerie à la royauté, le roi David a été un instrument efficace et puissant entre les mains de Dieu pour le salut du peuple d'Israël. Dieu veut vous utiliser puissamment indépendamment de votre position au sein de votre famille et indépendamment de votre statut social. Le fait que vous soyez le dernier ou le plus jeune de votre famille loin d'être un handicap est un atout pour votre destinée. De même, votre profession aussi modeste qu'elle soit est un catalyseur de votre destinée.

Jésus-Christ naquit dans une étable à Bethléhem, dans des conditions modestes. Le médecin Luc dans **Luc 2 : 7** affirme que : « et elle enfantz son fils premier-né. Elle l'emmailllota, et le coucha dans une crèche, parce qu'il n'y avait point de place pour eux dans l'hotellerie ». Il est issu de la lignée de David. Sa mission consistait à sauver l'humanité par sa mort et sa résurrection selon **Jean 3 : 16.** Jésus incarne l'accomplissement des promesses faites à Abraham et David. Ainsi, l'humble origine de Jésus est directement liée à une destinée divine qui transforme le monde entier. Le fils de Dieu n'était pas nécessairement riche mais il a parfaitement accompli sa mission salvatrice. Jésus, le second dam a réussi dans **les conditions défavorables** où Adam a échoué dans des

conditions favorables. Il a payé le prix à la croix pour qu'aucun homme ne périsse. L'absence des moyens matériels et physiques ne devrait pas constituer une limite à la réalisation de votre destinée car **la plus grande ressource que vous avez est votre capitale vie**. Votre vie est votre plus grande richesse. **Retenez que vos difficultés sont le moteur de votre élévation.** Avec la vie du Christ en vous, vous avez tout et sans cette vie, vous n'avez rien du tout.

La vie des personnes bibliques ci-dessus démontre à suffisance que les origines, qu'elles soient modestes ou nobles ont un rôle crucial à jouer dans la destinée. Chacune d'elle a été puissamment utilisée par Dieu pour réaliser un plan divin extraordinaire illustrant ainsi que l'origine n'influence pas négativement votre destinée. Au contraire, Dieu peut utiliser même les situations les plus désespérées pour accomplir Ses desseins. C'est dire que, peu importe les circonstances et les événements du passé, **chaque personne possède un potentiel unique dans le plan divin.**

POINTS DE PRIÈRE

1 Abba ! Père ! Révèle-moi le lien entre mon origine et ma destinée.

2 Abba ! Père ! Révèle-moi que mon origine fut-elle modeste n'est pas une limite à la réalisation de ma destinée.

3 Abba ! Père! Montre-moi que mon origine et la destinée sont intimement liées.

4 Abba ! Père ! Ouvre mes yeux sur la puissance de mon origine afin que j'avance avec la force que j'ai.

5 Abba ! Père ! Forme-moi pour que je comprenne que mon origine n'est pas le fruit du hasard.

6 Abba ! Père ! Enseigne-moi à valoriser mes origines, mes parents et ma famille comme des canaux que Tu utilises pour me façonner dans mon voyage de destinée.

7 Abba ! Père ! Montre-moi comment faire bon usage de mes origines dans mon voyage de destinée.

8 Abba ! Père ! Montre-moi comment vivre une enfance, une adolescence, un célibat et une vie adulte qui T'honore dans le voyage de destinée.

9 Abba ! Père ! Montre-moi comment faire bon usage des moments difficiles en couple et en famille comme des éléments catalyseurs de mon voyage de destinée.

10 Abba ! Père ! Montre-moi comment faire bon usage du caractère difficile des membres de ma famille pour exceller dans le champ de mission.

11 Abba ! Père ! Montre-moi comment prier efficacement pour les membres de ma famille.

12 Abba ! Père ! Montre-moi comment aimer ma femme, mon mari, le père de mes enfants, la mère de mes enfants sans conditions pour mieux réaliser ma destinée.

13 Abba ! Père ! Montre-moi comment aimer mes enfants et

les membres de ma famille sans conditions pour mieux avancer dans mon voyage missionnaire.

14 Abba ! Père ! Enseigne-moi la puissance et l'impact des relations conviviales avec les membres de ma famille dans mon voyage de destinée.

15 Abba ! Père ! Enseigne-moi la puissance cachée dans mes origines dans la réalisation de ma destinée car toutes les familles tirent leur origine de Toi et aucune forme de sorcellerie et de pratiques mystiques telles que la magie, les malédictions familiales, ancestrales, territoriales, générationnelles ne sauraient m'arrêter dans mon voyage missionnaire.

16 Abba : Père ! Enseigne-moi à faire de ma maison le tout premier centre de formation pendant que j'avance dans le processus de ma destinée.

17 Abba ! Père ! Enseigne- moi à accompagner mes enfants dans la découverte et la réalisation de leur destinée en leur laissant saint héritage biologique et spirituel.

18 Abba ! Père ! Enseigne-moi à vivre avec une perspective céleste et que mes enfants imitent ma manière de prcocéder pour que le discipolat reproducteur soit une réalité sur plus de quatre générations.

19 Abba ! Père ! Enseigne-moi à me multiplier à un rythme exponentiel pendant que j'effectue le voyage de ma destinée.

20 Abba ! Père ! Enseigne-moi à développer un caractère sanctifié pendant que j'avance dans mon voyage de destinée.

APPROPRIATION PERSONNELLE

	Date :
Thème : QUEL EST LE LIEN ENTRE VOTRE ORIGINE ET VOTRE DESTINÉE ?	
SUJETS DE PRIÈRE	**RÉPONSES DE DIEU** *(Comment Dieu a-t-il répondu ? Rêve, vision, verset biblique, intuition, parole, enseignement, pensée, paix, image, anges, etc)*
COUPLE	
PAPA	
MAMAN	
ENFANTS 1	
2	
3	
4	
5	
VIE PROFESSIONNELLE	
VIE MINISTERIELLE	
INTERCESSION : Pays, famille, Corps de Christ	

JOUR 22

LES 10 PRIÈRES QUI VOUS ACCOMPAGNERONT ET VOUS PROPULSERONT SUR LE CHEMIN DE VOTRE DESTINÉE

La prière est une communication et une communion avec Dieu dans laquelle nous appelons à l'existence les choses célestes dans le monde terrestre. La prière peut être également définie comme l'unité de la volonté du chrétien à celle de Dieu dans l'optique de Le louer, L'adorer, Lui dire merci, Lui demander quelque chose ou recevoir de Lui. Prier, c'est insister pour que la volonté de Dieu qui est déjà établie dans le ciel se réalise sur la terre. C'est dire que la prière est la clé qui nous équipe pour ouvrir la porte de notre destinée. Je vous propose une dizaine de prières sur le chemin de votre destinée glorieuse.

1. **La prière comme rendez-vous-vous du donner et du recevoir.**

La prière consiste à identifier la volonté de Dieu dans le but de la réaliser totalement. Le Seigneur Jésus-Christ nous rassure personnellement en disant : **« demandez et vous recevrez »** **Matthieu 7 :7**. C. 'est dire que si je demande sans recevoir, je devrais m'arrêter et prendre au sérieux ma relation ainsi que ma communion avec Dieu. Le fait de ne pas recevoir peut constituer un signe d'un danger spirituel. Dieu est disposé à nous donner des choses spirituelles et terrestres à l'issue de notre demande. Mais, lorsque nous alignons notre volonté à celle de Dieu, même nos besoins personnels sont secondaires au Royaume de Dieu. Nous étudions, mangeons, travaillons, pour que le règne de Dieu descende. C'est ainsi que nous pouvons comprendre **Matthieu**

6:33 « Cherchez premièrement le royaume et la justice de Dieu, et toutes ces choses nous seront données par- dessus ». J'ai remarqué personnellement que Dieu répond à nos prières lorsque nous sommes en mission. C'est dans ce sillage que je comprends Jésus-Christ dans **Jean 15:16 « Ce n'est pas vous qui m'avez choisi; mais moi, je vous ai choisi, et je vous ai établi, afin que vous alliez, et que vous portiez du fruit, et que votre fruit demeure, afin que ce que vous demanderez au Père en mon nom, il vous le donne ».**

2. La prière est une route

La prière est une route sur laquelle se déplace la voiture de la puissance de Dieu. Une bonne voiture avec un excellent moteur ne saurait se déplacer sans route. Dans Sa grande souveraineté, Dieu se limite à la route que le corps de Christ met à Sa disposition. Plus les routes et mêmes les autoroutes de la prière faite par l'Église sont étendues, plus la puissance de Dieu est manifeste. Plus les hommes prient, plus la puissance de Dieu est déployée et Il agit. Les premiers chrétiens s'investissaient dans le ministère de la prière et de la Parole dans le processus de réalisation de leur destinée. Ils avaient des résultats extraordinaires en ce qui concerne la multiplication des disciples et l'éclosion de leur foi.

3. La prière est une lutte

Plus que demander et recevoir, la prière est une lutte. Elle est une lutte dans laquelle Satan œuvre à s'opposer à nos desseins, à retarder nos plans et à entraver la volonté de Dieu pour notre destinée. La prière est une opposition ouverte et acharnée contre la volonté du Diable qui veut nous faire passer à côté de notre destinée. Plus nous prions, plus le diable est mis en déroute et hors du plan de Dieu pour nos vies. La prière profonde est un véritable conflit avec des larmes, des pleurs, des douleurs, des angoisses, des agonies, des combats. Plus nous grandissons dans la foi, plus nous nous levons contre le royaume de Satan. Notre véritable lutte se fait à genoux pour des victoires éclatantes.

4. La prière est le fruit de la persévérance.

Au début de ma foi, je pouvais prier un an ou deux ans pour un sujet et me décourager. J'ai compris par la suite que Dieu exauçait certains sujets de prière sans que je ne fasse appel à Lui. Dans d'autres cas, le travail nécessitait beaucoup d'efforts et de sacrifices. J'ai progressivement appris que la prière n'est pas simplement demander et recevoir. Il y a un prix à payer pour obtenir des résultats précis. Dans cette dynamique, nous sommes encouragés à prier pour le salut des âmes de notre famille sans relâche. Vous qui me lisez en ce moment, vous êtes peut-être fatigué (e) d'intercéder pour le gain de l'âme d'un époux, d'une épouse, d'un frère, d'une sœur, d'un père, d'une mère, etc l'heure est à la persévérance jusqu'à obtenir le résultat de la conversion. Nous aurons besoin de suivre l'exemple de la veuve et du juge inique.

5. La prière de foi est salutaire.

La foi authentique ouvre les portes de l'exaucement car croire, c'est posséder. Le plus souvent, nous prions sans croire. Or, la foi est cette voiture, ce train qui fait descendre les choses célestes dans le monde terrestre. Emprisonné et délivré par un ange de l'Éternel, les compagnons intercesseurs de Paul ne croient pas à sa délivrance pourtant ils priaient pour sa libération de la prison. Il est écrit : **« Il frappa à la porte du vestibule, et une servante, nommée Rhode, s'approcha pour écouter. Elle reconnut la voix de Pierre; et, dans sa joie, au lieu d'ouvrir, elle courut annoncer que Pierre était devant la porte. Ils lui dirent: Tu es folle. Mais elle affirma que la chose était ainsi. Et ils dirent : C'est son ange. Cependant Pierre continuait à frapper. Ils ouvrirent, et furent étonnés de le voir ». Actes 12:13-16.** La veuve face au juge inique a su persévérer dans sa demande. Elle a su dire NON à la réponse du juge. Et en fin de compte, sa persévérance a payé car elle obtint ce qu'elle voulait. Seigneur, enseigne- moi à prier selon **Marc 11: 24** où Jésus nous encourage à prier par la foi ainsi: **« C' est pourquoi je vous dis: Tout ce que vous demanderez en** priant, croyez que vous l'avez reçu, et vous le verrez s'accomplir ».

6. La prière de consécration

Dieu nous a choisis et mis à part pour une œuvre glorieuse. Il est agréable que nous répondions à la consécration de Dieu par notre propre consécration. Nous choisissons alors de nous mettre à part pour Dieu. C'est la double consécration. La prière de consécration consiste à se donner librement et personnellement à Dieu pour que Sa volonté parfaite se réalise. Dieu est disposé à écouter les prières effectuées pour que Sa volonté se fasse pour vous. Il est content d'entendre les prières de consécration et pas seulement des prières où nous demandons à longueur de journée. Jésus a prié dans le jardin de Gethsémané pendant des heures pour une seule chose : « **... Et pria ainsi: Mon Père, s'il est possible, que cette coupe s'éloigné de moi! Toutefois, non pas ce que je veux, mais ce que tu veux. » Matthieu 26:39**. Il est bon que chaque chrétien soit impliqué dans la prière de consécration. Il est capital de prier non seulement pour découvrir la volonté de Dieu pour vous mais également pour la réaliser. La prière de consécration est fondamentale en ce sens qu'elle oriente les autres prières dans la bonne perspective céleste.

7. La prière par le Saint-Esprit

La prière par l'Esprit est fondamentale pour quiconque voudrait marcher par l'Esprit. Il est écrit : « **En effet, celui qui parle en langue ne parle pas aux hommes, mais à Dieu, car personne ne le comprend, et c'est en esprit qu'il dit des mystères » 1 Corinthiens 14:2**. La prière par l'Esprit nous inspire ce que nous pouvons demander à Dieu selon **Romains 8:26: « De même aussi l'Esprit nous aide dans notre faiblesse, car nous ne savons pas ce qu'il nous convient de demander dans nos prières. Mais l'Esprit lui- intercède par des soupirs inexprimables »**. Quand nous prions en langue, le diable ne peut pas décoder notre message que nous avons encodé. La prière en langue nous rafraîchit et nous recharge comme la batterie de nos téléphones. Elle change l'atmosphère spirituelle et nous prédispose à demeurer dans la présence de Dieu. Elle nous connecte à l'Esprit de Dieu et nous comble de Sa présence glorieuse. Elle permet à notre intelligence de se reposer pendant que notre Esprit communie avec l'Esprit de Dieu.

8. La puissance des prières longues

Les prières longues sont utiles pour notre destinée. Elles sont d'une importance capitale. Jésus-Christ a effectué une prière longue sur la montagne pour choisir Ses disciples. Il est écrit : « **En ce temps -là, Jésus se rendit sur la montagne pour prier, et il passa toute la nuit à prier Dieu. Quand le jour partir, il appela ses disciples, et il en choisit douze, auxquels il donna le nom de apôtres »** Luc 6:12-13. Il a prié longuement dans le désert : « **Alors Jésus fut emmené par l'Esprit dans le désert, pour être tenté par le diable. Après avoir jeûné quarante jours et quarante nuits, il eut faim » Matthieu 4:1-2 ».** Il a également prié longuement dans le jardin de Gethsémané : « **Et il vint vers les disciples, qu'il trouva endormis, et il dit à Pierre: Vous n'avez donc pu veiller une heure avec moi! Veillez et priez, afin que vous ne tombiez pas dans la tentation ; l'esprit est bien disposé, mais la chair est faible. Il s'éloigné une seconde fois, et pria ainsi: Mon Père, s'il n'est pas possible que cette coupe s'éloigne sans que je la boive, que ta volonté soit faite! » Matthieu 26:40-42.**

9. La puissance des prières courtes

Les prières courtes sont puissantes. Leur puissance ne réside pas dans leur longueur mais dans leur profondeur. Les prières courtes peuvent ressusciter les morts. Il est écrit : « **Ils ôtèrent donc la pierre. Et Jésus leva les yeux en haut, et dit: Père, je te rends grâces de ce que Tu m'as exaucé. Pour moi, je savais que tu m'exauces toujours ; mais j'ai parlé à cause de la foule qui m'entoure, afin qu'ils croient que c'est toi qui m'a s envoyé.**

Ayant dit cela, il cria d'une voix forte: Lazare, sors! » Jean 11: 41-43. Jésus menace le vent et les tempêtes par les prières courtes : « **Tais-toi** ». Un seul mot suffit dans certaines situations pour attirer l'attention de Dieu. L'exemple de l'aveugle Bartimée est expressif et significatif. Il obtint sa délivrance en criant une phrase à Jésus : « **Fils de David, Jésus aie pitié de moi !** » Sa simple phrase est remplie de foi et de sens. A travers l'appellation, on comprend qu'il connaissait Jésus d'une manière particulière. Apprenons à effectuer des prières courtes aussi bien dans les situations de danger que dans les situations classiques.

10. La prière liée à notre responsabilité sur la terre

Dieu nous a envoyés sur la terre pour un but précis. Selon **Genèse 1:26: « Puis Dieu dit: Faisons l'homme à notre image, selon notre ressemblance, et qu'il domine sur les poissons de la mer, sur les oiseaux du ciel, sur le bétail, sur toute la terre, et sur tous les reptiles qui rampent sur la terre ».** Nous avons le potentiel donné par Dieu pour diriger, pour régner et pour manager les biens de Dieu en tant qu'intendants. Autrement dit, Dieu nous a créés pour diriger, pour régner et pour gérer. Lorsque nous prions dans la dynamique de notre rôle, notre mandat est activé et nous obtenons des résultats extraordinaires.

⊘| Attention au manque de prière !

Le manque de prière est un acte de désobéissance à l'endroit de Dieu. C'est refuser d'utiliser les armes spirituelles pour lutter. C'est une rébellion. C'est refuser d'obéir à Dieu qui nous commande de prier sans cesse. Le manque de prière, c'est frustrer le règne de Dieu, ruiner le royaume de Dieu. **C'est choisir de combattre du côté du diable**. C'est choisir que les âmes perdues ne soient pas sauvées. C'est refuser de payer le prix pour le salut des âmes. Le manque de prière, c'est **prier superficiellement** ou ne **pas prier suffisamment**. Ainsi, nous nous rendons coupables du sang des âmes non sauvées. La conversion de Paul ne fut pas un **mécanisme automatique** mais le fruit de l'église qui **intercédait puissamment** pour sa conversion. Quel est le prix que nous payons dans la prière pour le salut des âmes ? Abba Père, pardonne nos légèretés dans la prière, nos négligences et accorde- nous la grâce de prier profondément et sans cesse au nom puissant de Jésus.

Voici 5 liens entre la prière et la destinée :

ଓ **La prière façonne notre destinée :** La prière nous permet de communiquer avec Dieu et de lui exprimer nos désirs, nos peurs et nos rêves. En priant, nous pouvons influencer notre destinée en alignant nos volontés avec celle de Dieu.

ଓ **La prière nous donne la sagesse pour prendre des décisions :** La prière nous permet de demander la sagesse et la direction de Dieu pour prendre des décisions importantes qui peuvent impacter notre destinée.

ଓ **La prière nous donne la force de surmonter les obstacles :** La vie est remplie d'obstacles et de défis qui peuvent nous empêcher d'atteindre notre destinée. La prière nous donne la force et la résilience pour surmonter ces obstacles et continuer à avancer.

ଓ **La prière nous permet de découvrir notre véritable identité et notre destinée :** La prière nous permet de nous connecter avec Dieu et de découvrir notre véritable identité et notre destinée. En priant, nous pouvons acquérir une compréhension plus profonde de nous-mêmes et de notre place dans le monde.

ଓ **La prière nous permet de collaborer avec Dieu pour réaliser notre destinée :** La prière nous permet de collaborer avec Dieu pour réaliser notre destinée. En priant, nous pouvons travailler avec Dieu pour accomplir Ses plans et Ses désirs pour notre vie.

POINTS DE PRIÈRE

1 Abba ! Père ! Révèle-moi le bienfondé de la prière dans le voyage de ma destinée.

2 Abba ! Père ! Révèle-moi les atouts de la prière pendant que je Te cherche en premier.

3 Abba ! Père! Guide-moi dans ma vie de prière et rends-la fructueuse pendant j'avance dans le ministère.

4 Abba ! Père ! Ouvre mes yeux sur la puissance de la prière pendant que je suis dans le voyage de mon appel.

5 Abba ! Père ! Forme-moi pour que je devienne un homme de feu, une femme de feu dans l'exercice de mon appel.

6 Abba ! Père ! Enseigne-moi à faire de la prière une arme efficace sur le chemin de mon appel.

7 Abba ! Père ! Montre-moi comment agir et opérer sur le chemin de mon appel en ayant la prière pour socle.

8 Abba ! Père ! Montre-moi comment vivre une obéissance totale sur le chemin de ma destinée dans une vie de prière qui Te glorifie.

9 Abba ! Père ! Montre-moi comment faire de la prière un rendez-vous du donner et du recevoir.

10 Abba ! Père ! Montre-moi comment faire de la prière une route sur laquelle se déplace la puissance de Dieu.

11 Abba ! Père ! Montre-moi comment prier efficacement pour les différentes saisons de mon appel.

12 Abba ! Père ! Montre-moi comment prier par l'Esprit dans la réalisation de ma destinée.

13 Abba ! Père ! Montre-moi comment faire de la communion avec Toi un outil capital dans le champ de mission.

14 Abba ! Père ! Enseigne-moi la puissance des prières courtes dans le champ de mission.

15 Abba ! Père ! Enseigne-moi la puissance des prières longues

dans le champ de mission.

16 Abba : Père ! Enseigne-moi à renoncer pour mieux me consacrer dans l'accomplissement de ma destinée.

17 Abba ! Père ! Enseigne- moi à effectuer les prières stratégiques sur le chemin de ma destinée.

18 Abba ! Père ! Enseigne-moi à faire de la prière mon premier instrument de travail dans le champ de mission.

19 Abba ! Père ! Enseigne-moi à demeurer dans Ta Présence par la prière et la Parole pendant j'effectue le voyage de ma destinée.

20 Abba ! Père ! Enseigne-moi à faire de la prière une véritable route sur laquelle se déplace la puissance de Dieu de manière permanente.

APPROPRIATION PERSONNELLE

Thème : LES 10 PRIÈRES		Date :
QUI VOUS ACCOMPAGNERONT ET VOUS PROPULSERONT SUR LE CHEMIN DE VOTRE DESTINÉE		
SUJETS DE PRIÈRE		**RÉPONSES DE DIEU** *(Comment Dieu a-t-il répondu ? Rêve, vision, verset biblique, intuition, parole, enseignement, pensée, paix, image, anges, etc)*
COUPLE		
PAPA		
MAMAN		
ENFANTS	1	
	2	
	3	
	4	
	5	
VIE PROFESSIONNELLE		
VIE MINISTERIELLE		
INTERCESSION : Pays, famille, Corps de Christ		

JOUR 23

LES 10 SIGNES QUI MONTRENT QUE TU ES MULTI POTENTIEL

Nombreux sont les multi potentiels qui s'ignorent. Je vous donne dans ce chapitre les principales caractéristiques des multi potentiels.

1. Une mentalité de curieux

Vous êtes en permanence insatiable et insatisfait. Vous aiguisez votre curiosité au contact des personnes et des expériences. Les vérités d'aujourd'hui deviennent des sources de réflexion de demain. Vous voulez tout savoir sur le monde qui vous entoure et son fonctionnement. Vous voulez découvrir et explorer afin de toucher du doigt certaines réalités. Le roi Salomon était doté d'une sagesse extraordinaire avec un désir ardent de comprendre le monde. Il est écrit : **« il a parlé sur les arbres, depuis le cèdre du Liban jusqu'à l'hysope qui sort de la muraille ; il a aussi parlé sur les animaux, sur les animaux, sur les oiseaux, sur les reptiles et sur les poissons ». 1 Rois 4 : 33** Le monde de la botanique et de la zoologie le fascinaient et il ne mettait aucune limite à sa curiosité. Même les obstacles au lieu de le limiter constituaient une source de recherche.

2. Une mentalité de polyvalent

Vous êtes animé d'un esprit d'excellence et vous ne voulez pas agir dans l'a peu-près. Vous détestez la médiocrité et vous payez le prix pour construire une vie autour de petits succès et de petites victoires qui vous conduisent vers de plus grandes. Dans cette perspective, vous excellez dans plusieurs domaines et vous avez une forte capacité d'adaptation dans ce que vous entreprenez. **Vous êtes multi talentueux et vous obtenez un méga impact dans vos entreprises.** La diversité des talents est une qualité essentielle dans différents domaines de la vie. Paul avait une diversité de talents. Il était coach, mentor, enseignant, formateur, entrepreneur, faiseur de disciples, faiseur de tentes, orateur, etc. L'ensemble de ses talents ont été un excellent outil dans l'éclosion de son ministère. Il est écrit : **« et comme il avait le même métier, il demeura avec eux et y travailla : ils étaient faiseurs de tente ». Actes 18 :3**

3. Un grand potentiel d'adaptation

L'intelligence se manifeste par la capacité de s'adapter dans les situations complexes et nouvelles. Certains prennent trop de temps pour s'adapter dans un environnement particulier avec des réalités nouvelles. D'autres par contre ne sont pas limités par la nouveauté. **Ils saisissent des opportunités où les autres voient le problème.** Joseph, le fils de Jacob a su s'adapter dans des situations qui n'étaient pas en sa faveur en tant que esclave, prisonnier et gouverneur. En tant qu'esclave, sa douleur a enrichi son maître Potiphar. Il n'a pas laissé la séparation de ses frères influencer négativement sa vie professionnelle. En prison, il a su prendre le bon côté des choses en étant chef des prisonniers. Même en prison, il a su exercé sa foi. En tant que gouverneur, il a su gérer les richesses de son pays. Dans tous les trois contextes, il fut flexible et malléable dans la gestion de la ressource humaine.

4. Une mentalité de créativité et d'innovation exceptionnelle

Les dix caractéristiques d'une personne qui aime innover sont les suivantes :

- **La curiosité insatiable** qui vous pousse à poser des questions, à explorer de nouvelles idées et remet en question et statu quo.
- **La créativité débridée** qui engendre des idées originales et inattendues qui vous stimulent à sortir des sentiers battus.
- **L'ouverture d'esprit** qui accepte volontiers de nouvelles idées et de nouvelles perspectives et disposé à prendre en considération des solutions non conventionnelles et classiques.
- **Un esprit d'expérimentation** qui n'a pas d'essayer de nouvelles choses même si cela implique la prise des risques considérables.
- **Un esprit visionnaire** et proactif qui anticipe et qui anticipe les options futures et pense les solutions novatrices pour les défis et les enjeux futurs.
- **Un esprit orienté solutions et en mode solutions** qui se focalise sur la recherche des solutions créatives et innovantes face aux problèmes existants.
- **L'adaptabilité** qui vous donne la capacité à vous adapter facilement aux changements et la capacité de pivoter rapidement si nécessaire.
- **La persévérance** qui est cette disposition qui vous pousse à ne pas vous décourager devant les obstacles en cherchant les moyens d'améliorer et d'innover de manière continue.
- **La passion** qui vous pousse à vous investir profondément dans la recherche de nouvelles idées et de nouvelles approches dans un domaine bien précis.
- **Collaboratif** en ce sens que l'on aime travailler avec les autres.

5. Un état d'esprit d'une personne qui apprend rapidement

Cet état d'esprit est caractérisé par :
- La soif d'apprendre et le désir constant et permanent d'acquérir de nouvelles connaissances et compétences.
- Une grande capacité d'absorption qui vous amène à retenir

facilement les nouvelles informations et à les intégrer rapidement.

¤ Un esprit analytique qui décompose les informations complexes en éléments plus simples et plus faciles à comprendre.

¤ Un esprit critique qui analyse et évalue les informations objectivement afin d'améliorer les conditions bien précises.

¤ La curiosité intellectuelle qui vous amène à poser des questions pertinentes en cherchant à approfondir la compréhension des sujets variés.

¤ Une adaptabilité cognitive qui vous amène à ajuster les stratégies d'apprentissage en fonction des différents contextes.

¤ L'application pratique qui met en pratique les nouvelles connaissances dans l'optique de consolider l'apprentissage.

¤ L'organisation pour structurer efficacement ses connaissances et pour faciliter la mémorisation.

¤ L'autodiscipline qui offre la capacité de se concentrer de manière ordonnée sur l'apprentissage.

¤ La recherche du feedback et l'évaluation des autres dans le but d'améliorer ses compétences et ses connaissances.

6. Une personne qui a la capacité de mettre les concepts divers ensemble

Cette personne relie les concepts variés au travers de :

❖ **La pensée associative** qui établit les liens et les rapports entre les idées et les concepts qui peuvent sembler à première vue disparates.

❖ **La vision holistique** qui étudie les problèmes et les situations dans leur entièreté en prenant en compte les aspects pertinents.

❖ **La créativité interdisciplinaire** qui applique les connaissances nouvelles de divers domaines pour apporter des solutions originales aux problèmes complexes.

❖ **La grande capacité de synthèse** qui résume les concepts et les idées en mettant ensemble leurs points communs.

❖ **L'esprit d'analyse** qui décompose les problèmes et examine les relations entre les éléments.

❖ **La pensée conceptuelle** qui permet de créer des modèles et des cadres de référence.

❖ **La résolution des problèmes** en reliant des concepts.

❖ **Communique clairement** en expliquant simplement des concepts complexes.

❖ **La curiosité intellectuelle** l'amène à innover.

❖ **L'ouverture d'esprit** l'amène à considérer les idées différentes et à les intégrer si possible dans la compréhension du monde.

7. Une personne avec des passions multiples

Ces passions se caractérisent par :

❖ La curiosité omnivore,

❖ La soif d'explorer

❖ L'éclectisme,

❖ L'enthousiasme communicatif,

❖ L'adaptabilité,

❖ L'ouverture d'esprit,

❖ La créativité,

❖ La polyvalence,

❖ L'énergie,

❖ La capacité d'apprendre.

8. Une personne qui a grande capacité de résilience

Elle est caractérisée par :

❖ L'optimisme,

❖ La confiance en soi,

❖ L'adaptabilité

❖ La persévérance,

❖ La gestion du stress,

❖ La recherche du soutien,

❖ L'apprentissage,

❖ L'esprit d'analyse,

❖ L'acceptation,

❖ Le sens de l'amour.

9. Une personne qui a un esprit entrepreneurial

Elle est caractérisée par :

❖ La vision,

❖ L'initiative,

❖ La créativité,

❖ La passion,

❖ La prise de risques,

❖ La persévérance,

❖ L'autonomie,

❖ Le leadership,

❖ L'adaptabilité,

❖ Le sens élevé des affaires comprend les principes des affaires et est capable de prendre des décisions financières judicieuses.

10. Une personne qui la capacité de travailler en équipe et en synergie

Elle est caractérisée par :

❖ Une communication efficace,

❖ L'empathie comprend et respecte les points de vue et les besoins des autres.

❖ La collaboration,

❖ Les compromis,

❖ Le respect,

❖ La confiance,

❖ L'intelligence émotionnelle,

❖ L'esprit d'équipe,

❖ La valorisation des talents.

Dieu nous évaluera en fonction des talents qu'Il a déposés en nous. Ainsi, faisons bon usage de tous les talents enfouis en nous pour une cause spécifique.

POINTS DE PRIÈRE

1 Abba ! Père ! Merci d'avoir fait de moi une personne multi potentielle.

2 Abba ! Père ! Merci de me montrer comment gérer mon sens élevé de curiosité.

3 Abba ! Père! Merci de me montrer comment me comporter toutes les fois où je suis insatiable.

4 Abba ! Père ! Merci de m'orienter toutes les fois où je suis insatisfaite.

5 Abba ! Père ! Merci de m'orienter dans la bonne gestion de mes curiosités.

6 Abba ! Père ! Enseigne-moi à valoriser mon sens de curiosité en l'orientant dans la bonne direction.

7 Abba ! Père ! Montre-moi comment me soumettre aux autorités avec mes talents multiples.

8 Abba ! Père ! Montre-moi comment mettre mes talents multiples au service d'un maximum de personnes.

9 Abba ! Père ! Montre-moi comment devenir un catalyseur de talents.

10 Abba ! Père ! Montre-moi comment innover et transformer à partir de mes talents multiformes et variés.

11 Abba ! Père ! Rends-moi sensible à direction du Saint-Esprit dans la gestion de mes talents.

12 Abba ! Père ! Montre-moi comment construire un avenir meilleur en valorisant mes talents.

13 Abba ! Père ! Montre-moi comment détruire ma mentalité polyvalente.

14 Abba ! Père ! Enseigne-moi comment quitter la médiocrité pour l'excellence.

15 Abba ! Père ! Enseigne-moi célébrer les petits succès qui engendrent de plus grands succès.

16 Abba : Père ! Enseigne-moi à développer la résilience dans les situations les plus complexes.

17 Abba ! Père ! Enseigne- moi à m'adapter dans les situations les plus complexes sans aucune forme de compromissions.

18 Abba ! Père ! Enseigne-moi à comment m'adapter dans de nouvelles situations et transformer les situations difficiles en opportunités.

19 Abba ! Père ! Enseigne-moi comment produire un méga impact dans le corps de Christ étant donné que je suis multi talentueux.

20 Abba ! Père ! Enseigne-moi à développer un meilleur sens d'innovations et de créativité exceptionnelle.

APPROPRIATION PERSONNELLE

	Date :
Thème : LES 10 SIGNES QUI MONTRENT QUE TU ES MULTI POTENTIEL	
SUJETS DE PRIÈRE	**RÉPONSES DE DIEU** *(Comment Dieu a-t-il répondu ? Rêve, vision, verset biblique, intuition, parole, enseignement, pensée, paix, image, anges, etc)*
COUPLE	
PAPA	
MAMAN	
ENFANTS 1	
2	
3	
4	
5	
VIE PROFESSIONNELLE	
VIE MINISTERIELLE	
INTERCESSION : Pays, famille, Corps de Christ	

JOUR 24

QUELLE ATTITUDE ADOPTER QUAND JE SUIS MULTI POTENTIEL ?

Il existe des personnes qui ont une panoplie d'options et qui sont doués d'exercer dans des domaines variés tels que l'art, la sculpture, la peinture l'informatique, la musique, l'écriture, la danse, l'enseignement, la mécanique, etc. Dans plusieurs situations, ces personnes ne savent bien gérer leur potentiel. Elles excellent dans plusieurs domaines mais ne savent pas comment s'orienter. Elles s'ennuient par contre lorsqu'elles se concentrent sur un seul domaine d'activités. **Contrairement à la pensée populaire qui stimule qu'il faut faire une seule chose à la fois, le multi potentiel est à l'aise quand il ou elle s'exprime à fond dans plusieurs domaines.** Il n'est donc pas interdit de faire plus d'une chose à la fois . Arrêtez de vous limiter et valorisez pleinement vos talents. Comment procéder ? Je vous propose une démarche à cinq étapes à savoir :

1. **Faites un répertoire complet de tout ce que vous êtes et de ce que vous êtes capable de faire de manière honnête et objective et sans aucune forme de complaisance.**

Il est question de définir clairement qui vous êtes et ce que vous êtes capable de réaliser. Mettez par écrit vos potentiels qui sont en quelque sorte le don de Dieu en vous ainsi que vos passions diverses. Il est bon que vous ayez ces éléments sur une feuille de papier et de manière permanente devant vous. Vous pouvez par exemple coller cette liste de vos potentiels et de vos passions à un endroit qui vous permette de voir et de méditer sur votre potentiel.

Cette façon de procéder vous permet de vous rappeler qui vous êtes, ce que êtes capable de réaliser et la nécessité de valoriser et de fructifier le potentiel en vous. Elle vous permet aussi de savoir avec exactitude si un talent est mal déployé ou peu déployé.

2. Trouvez une ligne directrice de vos potentiels

Vous ne pouvez être partout à la fois à moins que vous ayez le don d'ubiquité. Plusieurs multi potentiels se perdent et se retrouvent dans une confusion totale parce qu'ils ne savent pas trouver une chaîne qui relie tout leur potentiel en les orientant vers une direction bien précise. Ils ont besoin de la ligne directrice qui est un fil conducteur qui leur permette de valoriser, de fructifier leur potentiel en les orientant dans une perspective bien précise. La ligne directrice a pour mission principale de mettre ensemble tous les potentiels et les passions dans l'optique de les fructifier de manière harmonieuse et équilibrée. Ainsi, vous ne tombez pas dans le piège de valoriser certains potentiels et passions au détriment des autres. Vos potentiels et vos passions ont un dénominateur commun qu'il faut trouver et valoriser. Je suis enseignante d'anglais, de la Parole et cette responsabilité me met en contact avec les parents et j'exerce également comme conseillère matrimoniale, experte en parentalité et dans ma charge missionnaire, j'encadre les familles dans toutes leurs ramifications au travers des conférences, séminaires et les contenus sur les réseaux sociaux. La ligne directrice de tout ce que je fais est l'enseignement avec des options diverses.

3. Faites la synergie de vos potentiels et passions

Dans mon cas, j'ai d'abord exercé comme enseignante d'anglais dans les établissements du secondaire du Cameroun après avoir reçu une formation à l'école normale supérieure de l'université de Yaoundé I. Pendant ce temps, je finissais également ma formation de missionnaire   étant déjà monitrice du culte d'enfants (enseignante à l'école du dimanche).   Enseignante d'anglais, enseignante des enfants à l'école du dimanche, enseignante de la Parole de Dieu, je suis devenue très rapidement un coach, une formatrice en développement du caractère, une experte en parentalité, une conseillère matrimoniale et conjugale à force d'avoir des entretiens constructifs avec les parents d'élèves que j'encadrais. Avec le besoin croissant et des sollicitations nombreuses et avec ma responsabilité de mère, d'épouse et de femme au foyer, encadreuse de toutes les composantes de la famille nucléaire, je suis devenue créatrice de contenus en ligne. Ces contenus tournaient autour des cours d'anglais, des concepts cruciaux relatifs à la famille et à l'"éducation. Je suis un leader dans ma communauté locale, une formatrice sur les questions du discipolat .Conférencière et séminariste, je mets à la disposition des autres ce que je sais faire et c'est ainsi que je réponds aux besoins des personnes dans mon environnement immédiat et lointain. Je construis chaque composante des entreprises familiales dont le but est d'équiper les familles à découvrir et réaliser leur destinée dans le but de remplir le ciel des disciples de Christ.

4. Faites la banane malaxée de vos potentiels et passions et innovez !

Il est question d'identifier vos potentiels et passions pour les fructifier et répondre aux besoins des personnes dans votre environnement immédiat et lointain. Dans cette dynamique, votre mélange produit un résultat ultra extraordinaire. Quand j'associe à l'enseignement de la Parole de Dieu des éléments de la pédagogie, j'obtiens un résultat innovant et innovateur ; et quand j'implique les valeurs spirituelles pendant que j'enseigne l'anglais, la nouveauté est visible et palpable. C'est en mettant ensemble mes passions dans les domaines variés que j'ai pu produire un concept original intitulé la triple excellence. En observant le déséquilibre dans a vie de mes élèves et des collègues, j'ai initié ce concept nouveau pour stimuler le formation holistique des jeunes et de leur encadreur. La triple excellence englobe l'excellence éthique, l'excellence familiale et l'excellence scolaire, académique, professionnelle et ministérielle avec brio.

5. Multipliez vos potentiels et passions !

Vos potentiels et passions doivent être multipliés. Il s'agit de communiquer aux autres ce que vous savez faire. Moise s'est multiplié par Josué. Elie s'est multiplié par Elisée. Le Seigneur Jésus s'est multiplié au travers de se douze disciples. Paul s'est multiplié par Timothée. La multiplication spirituelle est un excellent outil de reproduction. A travers la formation, vous avez la lourde responsabilité de bâtir une autre personne ayant le potentiel d'être comme vous, de faire comme vous ou plus que vous. Jésus a toujours voulu que nous ayons un meilleur impact que Lui. C'est sans doute la raison pour laquelle il pouvait déclarer : **« En vérité, en vérité, je vous le dis, celui qui croit en moi fera aussi les œuvres que je fais, et il en fera de us grandes, parce que je m'en vais au Père » Jean 14 : 12.** Tout enseignant souhaiterait avoir des apprenants qui excellent et vont au-delà de ses performances. Paul, qui était un multi potentiel aux talents exceptionnels car il a su se multiplier au travers de son fils Timothée et au travers de l'expansion des églises. La Bible nous apprend comment il a su multiplié ses talents par Timothée ainsi : **« Et ce que tu as entendu de moi en présence de beaucoup de témoins, confie-le à des hommes fidèles, qui soient capables de l'enseigner aussi à d'autres. » 2 Timothée 2 :2.**

Mettez ensemble les éléments ci-dessus et obtenez de résultats extraordinaires.

POINTS DE PRIÈRE

1   Abba ! Père ! Montre-moi comment établir un répertoire objectif de mes capacités.

2   Abba ! Père ! Montre-moi comment les fructifier.

3   Abba ! Père ! Montre-moi comment mettre mes talents ensemble.

4   Abba ! Père ! Montre-moi comment Te dire merci pour mes capacités.

5   Abba ! Père ! Montre-moi comment apporter une révolution d'amour à travers mes réalisations.

6   Abba ! Père ! Enseigne-moi à déployer toutes mes potentialités.

7   Abba ! Père ! Montre-moi comment trouver le fil conducteur de mes potentialités.

8   Abba ! Père ! Montre-moi comment mettre mes potentialités au service du corps de Christ.

9   Abba ! Père ! Montre-moi comment utiliser mes potentialités à bon escient pour ne pas me perdre.

10 Abba ! Père ! Montre-moi comment faire chaque chose à son temps.

11 Abba ! Père ! Montre-moi comment faire la synergie de mon potentiel.

12 Abba ! Père ! Montre-moi comment faire la banane malaxée de mes talents.

13 Abba ! Père ! Montre-moi comment construire une vie entière autour de mes talents.

14 Abba ! Père ! Enseigne-moi comment construire l'excellence spirituelle par mes talents.

15 Abba ! Père ! Enseigne-moi comment construire l'excellence familiale par mes talents.

16 Abba ! Père ! Enseigne-moi à développer l'excellence professionnelle par mes talents.

17 Abba ! Père ! Enseigne- moi à construire l'excellence ministérielle par mes talents.

18 Abba ! Père ! Enseigne-moi à multiplier mes talents par le biais du discipolat.

19 Abba ! Père ! Enseigne-moi comment construire des innovations étant donné que je suis multi talentueux.

20 Abba ! Père ! Enseigne-moi à développer un meilleur sens d'innovations qui répond aux besoins des personnes.

APPROPRIATION PERSONNELLE

	Date :
Thème : QUELLE ATTITUDE ADOPTER QUAND JE SUIS MULTI POTENTIEL ?	
SUJETS DE PRIÈRE	**RÉPONSES DE DIEU** *(Comment Dieu a-t-il répondu ? Rêve, vision, verset biblique, intuition, parole, enseignement, pensée, paix, image, anges, etc)*
COUPLE	
PAPA	
MAMAN	
ENFANTS 1	
2	
3	
4	
5	
VIE PROFESSIONNELLE	
VIE MINISTERIELLE	
INTERCESSION : Pays, famille, Corps de Christ	

JOUR 25

COMMENT DISCERNER LA VOLONTÉ DE DIEU SUR LE CHEMIN DE MA DESTINÉE ?

Au cœur de la vie chrétienne, se trouve une question fondamentale à savoir comment discerner clairement et accomplir la volonté de Dieu. Nous aspirons tous à une vie qui soit alignée avec le plan parfait de Dieu pour nos vies. La question centrale est celle de savoir comment nous pouvons comment naviguer dans les eaux tumultueuses de l'existence pour découvrir avec exactitude la voie que Dieu a tracée pour nous depuis la fondation du monde. La volonté de Dieu n'est pas une énigme impénétrable mais un trésor .accessible à ceux qui cherchent Dieu d'un cœur vrai et sincère. Ce grand voyage de découverte nécessite une écoute attentive, une obéissance totale, et une foi inébranlable. En décryptant des exemples bibliques et des principes bibliques nous apprendrons à discerner la volonté de Dieu et à marcher sur le chemin de la destinée avec plus d'assurance. Aussi vrai que notre plus grand épanouissement réside dans l'alignement de nos vies avec le plan parfait de Dieu, je vous invite à parcourir avec moi le voyage passionnant et transformateur de la destinée pendant lequel la découverte des desseins sera une quête permanente et enrichissante.

1. Le bienfondé de la Parole de Dieu et de la prière

La parole de Dieu est une véritable boussole qui constitue un guide infaillible dans la recherche permanente de la volonté de Dieu. Nous avons la lourde responsabilité de la lire, l'étudier, la mémoriser, la citer et réciter, et surtout la mettre en pratique. Quand nous parcourons la Parole de Dieu, nous découvrons les principes et les valeurs bibliques qui façonnent notre vie. Il est écrit : **« Ta Parole est une lampe à mes pieds, et une lumière sur mon sentier » Psaumes 119 : 105.** En priant régulièrement et en méditant constamment la Parole de Dieu, Moise a pu discerner la volonté de Dieu non seulement pour sa vie mais également pour le peuple d'Israël. **La prière est la voie royale par laquelle nous communiquons et nous communions avec Dieu le Père.** La Parole de Dieu est la voie royale qui nous permette de découvrir les plans de Dieu sur le chemin de nos destinées. Quelques soient les autres sources de révélations, elle demeure le canal par excellence qui nous propulse sur le territoire de notre destinée car elle ne change pas.

Dans cette communion, nous recevons de Dieu Ses directives et Ses orientations pour construire notre destinée. Je vous encourage à développer une intimité plus profonde et très croissante avec Dieu par le canal de la prière. Plus nous prions, plus nous développons la capacité de saisir la voix de Dieu tout comme un enfant qui ne fait plus beaucoup d'efforts pour différencier la voix de sa maman de celle des autres. La croissance qualitative et quantitative dans la communion avec Dieu par la prière ouvre de grandes portes qui nous permettent de rencontrer Dieu personnellement. **Le plus important dans la prière n'est pas la prière elle-même mais la rencontre personnelle avec Dieu, une communion de cœur à cœur dans laquelle vous avez une expérience personnelle avec le Père.** La Bible nous donne quelques recommandations en ce qui concerne la prière : **« mais quand tu pries, entre dans ta chambre, ferme la porte, et prie ton Père qui est là dans le lieu secret ; et ton Père, qui voit** dans le secret, te le rendra » Matthieu 6 :6. Le voile du temple s'est déchiré pour que nous ayons une libre entrée dans la présence de Dieu. Prenons du temps pour grandir dans notre communion avec Dieu par la prière et la mise en pratique de la Parole.

2. Le rôle cardinal du Saint-Esprit et du discernement

Le Saint-Esprit est notre guide et notre conseiller. C'est lui qui nous éclaire et nous aide à comprendre la volonté de Dieu pour nos vies. Il nous parle à travers nos pensées, la direction intérieure de nos pensées, les sentiments et les circonstances ainsi que les événements de nos vies. C'est pourquoi il est capital d'être sensible à la direction du Saint-Esprit et ne jamais cesser de lui demander la direction à suivre. Il est écrit : « **Dieu nous les a révélées par l'Esprit. Car l'Esprit sonde tout, même les profondeurs de Dieu » Actes 10.** Un centurion romain a été guidé par le Saint-Esprit pour envoyer chercher Pierre, ce qui a conduit à la conversion de sa famille ainsi que l'ouverture de l'Evangile aux païens. Le Saint-Esprit, au-delà d'être une force, une puissance, le consolateur, est une personne avec qui nous pouvons échanger dans le secret de nos pensées. Quand nous entrons dans le secret de notre intimité avec Dieu, fermons nos cœurs à toutes formes de distractions telles que les mauvaises pensées, les soucis de la vie, les inquiétudes et les vicissitudes ainsi que les angoisses dans le but d'écouter la voix murmurante du Saint-Esprit au fond de nos cœurs et de nos consciences. Quand nous mourrons en nous et au péché, nous développons une meilleure capacité à saisir la voix et la pensée de Dieu par la direction du Saint-Esprit.

3. L'alignement de nos désirs avec la volonté de Dieu

Il arrive souvent que nos désirs personnels soient contraires à la pensée de Dieu pour nos vies. Ils obstruent notre vision et nous empêchent de voir clairement la volonté de Dieu. Il est important de renoncer à nos désirs en les soumettant à la direction de Dieu pour qu'il les aligne avec Sa volonté. Le renoncement à nos désirs n'est pas une fuite de responsabilités, encore moins une attitude stoïque mais une bonne disposition du cœur qui démontre que nous mettons notre confiance en Dieu qui a de meilleurs projets pour notre avenir. Vous ne devenez pas une marionnette mais une personne responsable qui compte sur Dieu pour se projeter dans un avenir glorieux. Sans efforts, vous observez que nos voies sont généralement différentes des voies de l'Eternel et nos pensées sont loin d'être les siennes mais lorsque nous renonçons à nos plans pour suivre Ses plans, nos désirs deviennent ceux de Dieu. C'est dans ce sillage que nous pouvons comprendre la pensée selon laquelle **« Fais de l'Eternel tes délices et il te donnera ce que ton cœur désire ». Psaumes 37 :4.** Ainsi, lorsque nos désirs sont en accord et en harmonie avec la volonté de Dieu, nous avons l'assurance qu'il nous conduira vers la Plénitude de l'épanouissement. Il est écrit : **« car c'est Dieu qui produit en vous le vouloir et le faire selon son bon plaisir ».** Dans le jardin de Gethsémané, Jésus lui-même a soumis sa volonté à celle de son Père démontrant ainsi l'importance de l'alignement avec la volonté divine même dans la souffrance et les difficultés **(Matthieu 26 : 39).**

4. L'obéissance totale et persévérante

Après avoir discerné la volonté de Dieu, le plus grand challenge consiste à obéir à Sa direction sans aucune forme de complaisance. La Bible est notre guide qui contient les principes et les valeurs. C'est elle qui contient la volonté parfaite de Dieu. Elle est le socle sur lequel nous pouvons nous appuyer pour évaluer notre sens de l'obéissance à Dieu. **Toute désobéissance à Dieu est une semence de retard dans l'accomplissement de votre destinée.** Plus nous désobéissons, plus nous retardons l'accomplissement du plan de Dieu dans nos vies. Quand nous refusons délibérément de ne pas obéir, nous ralentissons la manifestation des promesses de Dieu dans nos vies alors que les actions de grâces produisent l'effet inverse en accélérant la réalisation du plan divin dans nos vies. **Dieu n'est jamais en retard même quand il arrive quatre jours après la mort de Lazare.** Il est écrit que Dieu ne tarde pas dans l'accomplissement de Ses promesses. Dans une attitude d'actions de grâce, nous expérimentons l'accélération du Saint-Esprit en attirant la miséricorde du Tout Puissant sur nous. Et comme la miséricorde triomphe du jugement, les années dévorées par les sauterelles sont remplacées, le temps perdu est racheté et toutes les choses même dites « négatives» concourent à notre bien. Noé a obéi en construisant l'arche malgré les moqueries des autres et il a ainsi sauvé sa famille du déluge, accomplissant la volonté de Dieu pour sa génération. Et vous, qu'est-ce que vous construisez pour votre famille et pour votre génération ?

La recherche de la volonté de Dieu est un long voyage continu, une aventure passionnante qui conduit vers la plénitude et l'épanouissement. En nous focalisant sur la Parole de Dieu, la direction du Saint-Esprit, l'alignement de nos désirs et l'obéissance, nous pouvons discerner la volonté de Dieu pour nos vies et ns destinées. Que la recherche permanente de la volonté de Dieu soit notre guide, notre passion et notre destination car c'est en Dieu seul que nous trouvons la véritable vie et une destinée glorieuse.

POINTS DE PRIÈRE

1 Abba ! Père ! Montre-moi comment discerner Ta voix sur le chemin de ma destinée par la prière permanente et fervente.

2 Abba ! Père ! Montre-moi comment discerner Ta voix par une excellente communion avec Toi dans la prière.

3 Abba ! Père! Montre-moi comment discerner Ta voix par la soumission totale à la direction du Saint-Esprit.

4 Abba ! Père ! Montre-moi comment discerner Ta voix dans le voyage de ma destinée par la communion pendant laquelle je Te rencontre personnellement.

5 Abba ! Père ! Montre-moi comment discerner Ta voix dans le voyage de ma destinée par une communion parfaite avec Toi.

6 Abba ! Père ! Enseigne-moi à discerner Ta volonté ma destinée par des batailles permanentes dans lesquelles je Te rencontre personnellement.

7 Abba ! Père ! Montre-moi comment discerner Ta voix dans le voyage de ma destinée par une foi inébranlable.

8 Abba ! Père ! Montre-moi comment discerner Ta voix dans le parcours de ma destinée par la Parole.

9 Abba ! Père ! Montre-moi comment discerner Ta voix dans le parcours de ma destinée par la lecture de la Parole.

10 Abba ! Père ! Montre-moi comment discerner Ta voix par la méditation de Ta Parole.

11 Abba ! Père ! Montre-moi comment discerner Ta voix par l'étude personnelle de Ta Parole.

12 Abba ! Père ! Montre-moi comment discerner Ta voix par l'écoute de Ta Parole.

13 Abba ! Père ! Montre-moi comment discerner Ta voix par

le biais des conseillers spirituels.

14 Abba ! Père ! Montre-moi comment discerner Ta voix par les circonstances et les événements de ma vie.

15 Abba ! Père ! Montre-moi comment discerner Ta voix par les expériences de ma vie.

16 Abba : Père ! Enseigne-moi à discerner Ta voix par un sens plus élevé de dépendance au Saint-Esprit.

17 Abba ! Père ! Enseigne- moi à discerner Ta volonté en alignant ma volonté avec Ta volonté.

18 Abba ! Père ! Enseigne-moi à discerner Ta voix par un esprit de discernement plus poussé.

19 Abba ! Père ! Enseigne-moi discerner Ta volonté par l'obéissance totale.

20 Abba ! Père ! Enseigne-moi à discerner Ta volonté par la patience et la persévérance.

APPROPRIATION PERSONNELLE

	Date :
Thème : COMMENT DISCERNER LA VOLONTÉ DE DIEU SUR LE CHEMIN DE MA DESTINÉE ?	
SUJETS DE PRIÈRE	**RÉPONSES DE DIEU** *(Comment Dieu a-t-il répondu ? Rêve, vision, verset biblique, intuition, parole, enseignement, pensée, paix, image, anges, etc)*
COUPLE	
PAPA	
MAMAN	
ENFANTS 1	
2	
3	
4	
5	
VIE PROFESSIONNELLE	
VIE MINISTERIELLE	
INTERCESSION : Pays, famille, Corps de Christ	

JOUR 26

DISCERNER LA VOLONTÉ DE DIEU : UN GUIDE VERS MA DESTINÉE

Avancer dans a vie sans une boussole fiable peut mener au chaos et à l'errance. De la même manière, chercher à vivre une vie qui glorifie Dieu sans connaitre Sa volonté, c'est évoluer à tâtons dans une nébuleuse qui ne dit pas son nom. Contrairement à ce plusieurs pensent, la volonté de Dieu n'est pas un secret car Dieu désire ardemment nous la révéler de manière progressive au travers d'une intimité et d'une collaboration harmonieuse. Dieu veut que nous découvrions Son plan parfait pour nos vies. Discerner la volonté de Dieu passe par une excellente intimité avec Dieu au travers de la Parole, la prière, l'écoute de Sa voix, etc. Les quatre éléments suivants étayés par les versets bibliques et des illustrations concrètes nous aideront à discerner la volonté de Dieu.

1. **L'alignement avec la Parole de Dieu est une boussole infaillible.**

Il est écrit : **« Ta Parole est une lampe à mes pieds, et une lumière sur mon sentier. » Psaumes 119 :105** La Parole de Dieu est la boussole par excellence. Elle nous oriente et nous guide dans la bonne direction. C'est pourquoi il est impératif, avant de prendre une décision, de vérifier si elle est conforme aux principes bibliques contenus dans la Bible. Si une option contredit la Bible alors elle n'est pas certainement la volonté de Dieu. Pour vaincre la tentation, Jésus a répondu en citant la parole ainsi : Il est écrit dans Matthieu

4 : 10 « Retire-toi, Santan ! Car il est écrit : Tu adoreras le Seigneur, ton Dieu, et tu le serviras lui seul ». Face à l'interdiction de prier son Dieu, Daniel choisit d'obéir à la loi divine plutôt qu'à la loi humaine. Daniel 6. Nous avons la lourde responsabilité de nous rassurer que nos actions et nos aspirations sont en conformité avec la Parole de Dieu.

2. La prière persévérante

La prière est un dialogue avec Dieu. Elle est un excellent outil qui nous permet de discerner la volonté du Père. Elle n'est pas un monologue mais un dialogue, une vie, un mode de vie. Elle n'est pas la multiplication de vaines paroles mais une communion profonde dans laquelle nous rencontrons Dieu personnellement. Nous avons donc besoin de prier de manière stratégique pour plus d'efficacité car tous prient mais très peu obtiennent l'exaucement car ils ne sont pas stratèges dans la prière. Martin Luther priait de manière stratégique. C'est pourquoi il pouvait affirmer avec assurance : **« j'ai tellement à faire aujourd'hui que je vais passer les trois premières heures en prière ».** La prière stratégique exige un plan, une méthode et une structure. Jésus faisait des prières stratégiques. Ainsi, avant de choisir Ses disciples, il a passé une nuit dans la prière selon **Luc 6 :12**. Les premiers chrétiens priaient sans cesse pour être guidés par l'Esprit d'après **Actes 1 : 14. Une maman stratège prendra en considération les étapes de croissance de ses enfants dans le processus de bâtir sa maison à genoux.** Elle essaiera autant que faire se peut de concilier la prière el les responsabilités domestiques et professionnelles par la puissance des prières coutres et puissantes. La prière persistante ouvre la porte à la révélation de la volonté de Dieu. Prenez du temps pour prier en vous appuyant sur la Parole et l'écoute attentive de la voix de Dieu.

3. Dieu est conséquent avec ce qu'il a commencé avec vous

Dieu ne se contredit pas. Il ne dira pas une chose et son contraire au même moment. Dieu est conséquent avec ce qu'Il veut réaliser avec vous. Il ne vous demandera jamais de faire une chose et son contraire. Il ne saurait vous orienter dans deux directions contraires. Il ne peut vous envoyer au nord et au sud au même moment. Quand il libère Paul de la persécution, il lui montre une seule direction. Il est écrit : **« mais le Seigneur lui dit : va, car cet homme est un instrument que j'ai choisi, pour porter mon nom devant les nations, devant les rois, et devant les fils d'Israël »**. Le persécuteur des chrétiens fut transformé en un apôtre passionné de Jésus. Dieu lui révéla clairement Sa volonté celle de prêcher l'évangile aux non-Juifs. La volonté de Dieu pour nous est cohérente avec es dons, passons et talents qu'il a placés en nous. Moise, timide et hésitant fut appelé par Dieu pour libérer le peuple d'Israël de l'esclavage, **Exode 3**. Bien qu'il se sente incapable Dieu lui promit sa présence pour accomplir sa mission.

4. Le principe des portes ouvertes et des portes fermées

Paul reconnaissait que Dieu ouvrait des portes dans son ministère même si les oppositions se manifestaient souvent. Il est écrit : **« car une porte grande et favorable s'est ouverte à moi, et il y a beaucoup d'adversaires » 1 Corinthiens 16 :9.** Parfois la volonté de Dieu se manifeste par des opportunités qui se présentent à vous, des portes qui s'ouvrent de manière inattendue. A plusieurs reprises, j'ai fait l'expérience des portes qui se sont ouvertes à moi pour que j'annonce l'évangile aux familles. Cette responsabilité est généralement entourée d'obstacles à surmonter. D'autres fois, des obstacles insurmontables et des portes qui se ferment sont la preuve tangible que nous ne sommes pas sur le bon chemin. Quand Dieu ferme une porte, il ouvre une autre. Néanmoins, il est bon de souligner qu'**une porte ouverte peut ne pas être notre voie et une porte fermée peut avoir besoin qu'on la débloque.** C'est ainsi qu'il faut comprendre le bien fondé du discernement.

Néhémie est un exemple de persévérance face à l'opposition. Malgré les moqueries et les menaces, il continua à reconstruire les murs de Jérusalem car il savait que c'était dans la volonté de Dieu.

Discerner la volonté de Dieu est un processus d'apprentissage et de croissance spirituelle. Ce n'est pas une tâche ponctuelle mais un engagement quotidien à rechercher la direction de Dieu dans tous les domaines de notre vie. Nous avons besoin de patience, d'attention aux signes divins, d'une intimité profonde avec Dieu. **Nous ne devons pas avoir peur des erreurs car Dieu est capable de transformer nos faux pas en opportunités de croissance.** Laissons- nous guider par la puissance du Saint-Esprit. La volonté de Dieu n'est pas un fardeau mais une invitation à participer à son œuvre et à vivre pleinement la vie qu'il a préparée pour nous.

POINTS DE PRIÈRE

1 Abba ! Père ! Montre-moi comment Te rencontrer chaque jour au travers des médiations quotidiennes.

2 Abba ! Père ! Montre-moi comment Te rencontrer chaque au travers de la lecture biblique.

3 Abba ! Père! Montre-moi comment Te rencontrer chaque jour au travers de la mémorisation de la Parole.

4 Abba ! Père ! Montre-moi comment Te rencontrer chaque jour au travers de la récitation de Ta Parole.

5 Abba ! Père ! Montre-moi comment Te rencontrer personnellement au travers des études bibliques personnelles.

6 Abba ! Père ! Enseigne-moi à grandir dans ma vie de prière pour discerner Ta voix.

7 Abba ! Père ! Montre-moi comment communiquer avec Toi par la prière pour discerner Ta voix.

8 Abba ! Père ! Montre-moi comment grandir dans la vie d'actions de grâces pour discerner Ta voix.

9 Abba ! Père ! Montre-moi comment grandir dans la vie de supplications pour discerner Ta voix.

10 Abba ! Père ! Montre-moi comment grandir dans l'intercession et la prière de miséricorde pour discerner Ta voix.

11 Abba ! Père ! Montre-moi comment à comprendre le message derrière une porte ouverte pour discerne Ta volonté.

12 Abba ! Père ! Montre-moi comment comprendre le message derrière une porte fermée pour discerner Ta volonté.

13 Abba ! Père ! Montre-moi comment entrer par une porte fermée qui est prévue pour moi pour discerner Ta volonté.

14 Abba ! Père ! Montre-moi comment éviter une porte

ouverte qui n'est pas prévue pour moi pour discerner Ta volonté.

15 Abba ! Père ! Montre-moi comment identifier les saisons favorables pour discerner clairement Ta voix.

16 Abba ! Père ! Enseigne-moi comment identifier les saisons défavorables pour discerner clairement Ta volonté.

17 Abba ! Père ! Enseigne- moi à comprendre la vérité biblique dans le but de discerner Ta voix.

18 Abba ! Père ! Enseigne-moi à vivre et expérimenter les principes bibliques sur le chemin de ma destinée.

19 Abba ! Père ! Enseigne-moi à croire que Tu es toujours avec moi dans les moments difficiles de ma destinée.

20 Abba ! Père ! Enseigne-moi à vivre pour Toi par Toi et en Toi pendant que j'avance sur le chemin de ma destinée.

APPROPRIATION PERSONNELLE

	Date :
Thème : DISCERNER LA VOLONTÉ DE DIEU : UN GUIDE VERS MA DESTINÉE	
SUJETS DE PRIÈRE	**RÉPONSES DE DIEU** *(Comment Dieu a-t-il répondu ? Rêve, vision, verset biblique, intuition, parole, enseignement, pensée, paix, image, anges, etc)*
COUPLE	
PAPA	
MAMAN	
ENFANTS 1	
2	
3	
4	
5	
VIE PROFESSIONNELLE	
VIE MINISTERIELLE	
INTERCESSION : Pays, famille, Corps de Christ	

JOUR 27

COMBATS LE COMBAT SPIRITUEL CONTRE TA DESTINÉE : LA RÉALITÉ QUI SE CACHE DERRIÈRE VOTRE DESTINÉE

Le combat spirituel contre notre destinée est une réalité à ne pas négliger. Pendant que Dieu a prévu pour chacun de nous un plan de bonheur, le diable travaille à nous faire passer à côté de ce plan. L'une des stratégies qu'il utilise c'est nous maintenir dans l'ignorance selon qu'il est écrit : « **mon peuple est détruit, parce qu'il lui manque la connaissance. Puis que tu as rejeté la connaissance, je te rejetterai, et tu seras dépouillé de mon sacerdoce ; puisque tu as oublié la loi de ton Dieu, j'oublierai aussi tes enfants** » **Osée 4 :6.** L'autre stratégie consiste à maintenir le peuple de Dieu dans le mensonge. Il est écrit : « **Vous connaitrez la vérité et la vérité, et la vérité vous affranchira** » **Jean 8 : 32.** Dans cette perspective des choses, le diable ne veut pas que nous sachions cinq vérités essentielles à savoir :

❖ Le plan de bonheur que Dieu a pour chacun de nous.
❖ La victoire que nous avons acquise depuis la mort de Jésus à la croix.
❖ L'amour inconditionnel de Dieu pour chacun de nous.
❖ La liberté que Dieu accorde à chacun de nous.
❖ La nécessité de demeurer dans la présence de Dieu par la prière.

1. **Dieu a un plan de bonheur et non de malheur pour chacun de nous.**

C'est pourquoi il est écrit : « Car je connais les projets que j'ai formés sur vous, dit l'Eternel, projets de paix et non de malheur, afin de vous donner un avenir et de l'espérance. » **Jérémie 29:11**. D'après la pensée de Dieu, chacun de nous a une mission glorieuse à réaliser sur la terre. Il a défini cette mission avant notre naissance. Alors que les desseins de Dieu pour nous sont merveilleux, le diable s'attèlera à nous démontrer le contraire pour nous amener à passer à côté de notre destinée. Dieu qui est notre créateur a un meilleur plan pour nous peu importent les manipulations du diable qui n'est que le père du mensonge. **Ne croyez pas cette voix qui vous donne l'impression que les plans divins pour vous ne sont pas adéquats.** Chasser ces pensées de votre esprit. Les plans de Dieu ne sont pas obsolètes. Ils résistent à l'usure du temps.

2. **La bonne nouvelle que je voudrais vous annoncer est la suivante :**

Vous vous impliquez dans un combat pour lequel vous avez le verdict final. Ce verdict final est la victoire acquise par le sang de l'agneau à la croix. C'est pourquoi, il est dit que nous combattons dans la victoire et non pour la victoire. C'est Dieu, l'Eternel est celui qui combat nos combats et nous avons juste besoin de lui faire confiance afin qu'il agisse en notre faveur. Le combat dans lequel nous sommes impliqués n'est pas charnel mais spirituel. C'est ainsi qu'il faut comprendre Paul quand il déclare **« Car nous n'avons pas à lutter la chair et le sang, mais contre les dominations, contre les autorités, contre les princes de ce monde, de ténèbres, contre les esprits méchants dans les lieux célestes « Ephésiens 6 : 12.** Ne faites pas attention au diable qui vous amènera à vous concentrer sur votre défaite, échec ainsi que la culpabilité. Si de tels sentiments animent votre pensée, dites ceci avec foi et conviction : Je suis victorieux en Jésus. La pensée est la première unité de combat. Remplissez vos pensées de principes bibliques relatifs à votre victoire acquise à la croix.

3. L'amour inconditionnel de Dieu est pour chaque personne

Cet amour dépend uniquement de Dieu et non de nos performances. L'amour de Dieu pour chacun de nous est stable, c'est-à-dire qu'il ne varie pas en fonction des circonstances. Il est infaillible, neutre, impartial. C'est pourquoi, il est écrit **« Car Dieu a tant aimé le monde qu'il a donné son fils unique, afin que qui croit en lui ne périsse point, mais qu'il ait la vie éternelle. »Jean 3 :16**. Cette idée est mieux réitérée dans **Romains 5 :8 qui dit « Mais Dieu prouve son amour envers nous, en ce que, lorsque nous étions encore des pécheurs, Christ est mort pour nous. »** Rien ne peut nous séparer de l'amour de Dieu et personne ne le peut non plus. Au moment où le diable est entrain de t'emmener à croire que Dieu t'a abandonné, déclare les paroles suivantes : **« Car j'ai l'assurance que ni la mort ni la vie, ni les anges ni les dominations, ni les choses présentes ni les choses à venir ne pourra me séparer de l'amour de Dieu. « Romains 8 :28.**

4. Tu es né pour la liberté et non pour l'esclavage.

Dieu a créé tous les hommes avec un libre arbitre. Il ne s'impose pas à vous mais il se propose. C'est ainsi qu'il vous donne la liberté de choix entre la vie et la mort. En tant que bon père et parent parfait il vous conseille de choisir le bien afin de vivre. Dans **Apocalypse 3 :20** il est écrit **« Voici, je me tiens à la porte, et je frappe. Si quelqu'un entend ma voix et ouvre la porte, j'entrerai chez lui, je souperai avec lui, et lui avec moi. »** La preuve tangible que vous êtes destinés à la liberté et non à l'esclavage se trouve dans **Galates 5 :1 « C'est par la liberté que Christ nous a affranchis. Demeurez donc fermes, et ne vous laissez pas mettre de nouveau sous le joug de la servitude ».** Aussi vrai que Dieu vous a créés libres, ne permettez à personne de voler votre liberté.

5. La nécessité de demeurer dans la présence de Dieu par la prière

POINTS DE PRIÈRE

1   Abba ! Père ! Montre-moi que Tu as un plan parfait pour moi.

2   Abba ! Père ! Montre-moi comment m'approprier ce plan et le déployer correctement.

3   Abba ! Père ! Montre-moi comment demeurer dans Ton plan en permanence.

4   Abba ! Père ! Montre-moi comment Ton plan est meilleur que tout autre plan.

5   Abba ! Père ! Montre-moi comment vivre pour accomplir Ton plan et non un autre.

6   Abba ! Père ! Enseigne-moi à aimer et à épouser Ton plan pour ma vie.

7   Abba ! Père ! Montre-moi comment m'investir et investir pour la réalisation de Ton plan.

8   Abba ! Père ! Montre-moi la réalité spirituelle cachée derrière le plan que Tu as prévu pour moi.

9   Abba ! Père ! Montre-moi comment je marche dans la victoire par le sang de l'Agneau immolé.

10   Abba ! Père ! Montre-moi comment intégrer la mort et la résurrection de Christ dans le déploiement de mes talents.

11   Abba ! Père ! Combats mes combats personnels.

12   Abba ! Père ! Combats mes combats conjugaux.

13   Abba ! Père ! Combats mes combats familiaux.

14   Abba ! Père ! Combats mes combats ministériels.

15   Abba ! Père ! Combats mes combats professionnels.

16   Abba ! Père ! Enseigne-moi à comprendre Ton amour inconditionnel pour moi.

17   Abba ! Père ! Enseigne- moi à construire ma vie sur une fondation d'amour inconditionnel.

18   Abba ! Père ! Enseigne-moi à comment communiquer l'amour inconditionnel aux autres.

19   Abba ! Père ! Enseigne-moi comment construire ma maison sur une fondation d'amour inconditionnel.

20   Abba ! Père ! Enseigne-moi à aimer les non-aimables, à aimer par la foi les personnes haïssables que je rencontre.

APPROPRIATION PERSONNELLE

Thème : COMBATS LE COMBAT	Date :
SPIRITUEL CONTRE TA DESTINÉE : LA RÉALITÉ QUI SE CACHE DERRIÈRE VOTRE DESTINÉE	
SUJETS DE PRIÈRE	**RÉPONSES DE DIEU** *(Comment Dieu a-t-il répondu ? Rêve, vision, verset biblique, intuition, parole, enseignement, pensée, paix, image, anges, etc)*
COUPLE	
PAPA	
MAMAN	
ENFANTS 1	
2	
3	
4	
5	
VIE PROFESSIONNELLE	
VIE MINISTERIELLE	
INTERCESSION : Pays, famille, Corps de Christ	

JOUR 28

LES QUESTIONS ET RÉPONSES ESSENTIELLES SUR MA DESTINÉE

Nombreux sont ceux qui se posent une panoplie de questions sur leur destinée. Nous allons résumer ces questions en cinq et nous y apporterons de grandes orientations de réponse qui pourront vous guider sur le chemin de votre destinée.

(?) Question 1 : Dieu a-t-il un plan spécifique pour ma vie et si oui, comment puis-je le connaitre ?

Réponse : Je réponds par l'affirmative. Oui, Dieu a un plan unique et spécial pour chaque personne. Son plan pour vous n'est pas rigide mais il s'agit d'un chemin tracé avec des étapes et des opportunités qui intègrent votre libre arbitre et votre collaboration avec Le Très Haut. Pour discerner votre plan, il faut prier : méditer la Parole, rechercher les conseils des personnes matures dans la foi, identifier vos dons et talents dans le but de les cultiver et fructifier et enfin faites attention au principe de la porte fermée. Voici deux versets bibliques qui font vous orienter davantage :

« Car je connais les projets que j'ai formés sur vous, dit l'Eternel, des projets de paix et non de malheur, afin de vous donner un avenir et de l'espérance » Jérémie 29 : 11

« Car nous sommes son ouvrage, ayant été créés en Jésus-Christ pour de bonnes œuvres, que Dieu a préparées d'avance, afin que nous les pratiquions ». Ephésiens 2 : 10.

Paul (Galates1 : 15-16) était choisi par Dieu pour annoncer Sa Parole aux non-Juifs et son appel fut confirmé par la rencontre personnelle avec le Seigneur Jésus. Dieu avait promis une terre à son peuple mais le chemin était rempli de défis qui demandaient obéissance et foi en Dieu. Le voyage des Israélites dans le désert était une véritable marche vers leur destinée. En effet, le voyage de la destinée est semblable à un GPS dans laquelle Dieu nous donne une directive générale et nous avons la responsabilité d'opérer de bons choix en conformité avec le plan parfait de Dieu.

(?) Question 2 : Quels sont mes dons et talents, et comment puis-je les utiliser pour servir Dieu et les autres ?

<u>Réponse</u> : Dieu équipe chaque personne avec des dons spirituels et les dons naturels. Il est donc capital de les identifier et de les fructifier non seulement pour la gloire de Dieu mais également pour l'utilité commune. **Vos passions et vos talents peuvent être des indicateurs cardinaux de votre vocation.** Il est écrit : « **Puisque nous avons des dons différents, selon la grâce qui nous a été accordée, que celui qui a le don de prophétie l'exerce selon l'analogie de la foi ; que celui qui est appelé au ministère s'attache au ministère ; que celui qui enseigne s'attache à l'enseignement ; que celui qui exhorte s'attache à l'exhortation. Que celui qui donne le fasse avec simplicité ; que celui qui préside le fasse avec zèle ; que celui qui pratique la miséricorde le fasse avec joie » Romains 12 : 6- 8.**

Il est également écrit : « **Comme de bons dispensateurs des diverses grâces de Dieu, que chacun de vous mette au service des autres le don qu'il a reçu. » 1 Pierre 4 : 10** Dieu a donné des compétences artistiques spécifiques pour construire le tabernacle **(Exode 31 : 1-15)**. Dans le corps de Christ (1 Corinthiens 12), chaque membre est appelé à contribuer pour l'équilibre de l'ensemble. Le corps de Christ est ainsi semblable à un orchestre symphonique où chaque musicien contribue à l'harmonie.

(?) Question 3 : Comment faire face aux épreuves, aux obstacles et aux moments de doutes qui se présentent sur le chemin de ma destinée ?

<u>Réponse</u> : La foi, la persévérance et le soutien de la communauté chrétienne sont capitaux pour surmonter les difficultés. **Les épreuves peuvent donc constituer des occasions de croissance, de purification et de développement du caractère.** Il est écrit : « **Bien plus, nous nous glorifions même des afflictions, sachant que l'affliction produit la persévérance, la persévérance la victoire sur l'épreuve, et cette victoire l'espérance. Or, l'espérance ne trompe point, parce que l'amour de Dieu est répandu dans nos cœurs par le Saint-Esprit qui nous a été donné** » Romains 5 : -5. Et un autre passage biblique nous apprend que : « **je puis tout par celui qui me fortifie ». Philippiens 4 :13.**

POINTS DE PRIÈRE

1   Abba ! Père ! Montre-moi que Tu es un Dieu qui parle et qui agit.
2   Abba ! Père ! Montre-moi comment Tu as tout prévu pour que j'aie une destinée glorieuse.
3   Abba ! Père ! Montre-moi comment demeurer dans Ton plan et non mes plans.
4   Abba ! Père ! Montre-moi comment épouser Tes plans.
5   Abba ! Père ! Montre-moi comment vivre pour servir un maximum de personnes.
6   Abba ! Père ! Enseigne-moi à utiliser mes dons naturels et surnaturels avec efficience.
7   Abba ! Père ! Montre-moi comment m'affirmer par le biais de mes dons et talents.
8   Abba ! Père ! Montre-moi les stratégies bibliques pour atteindre mon plein potentiel.
9   Abba ! Père ! Montre-moi comment avancer malgré l'adversité.
10 Abba ! Père ! Montre-moi comment avancer avec audace et détermination dans le voyage de ma destinée.
11 Abba ! Père ! Augmente ma foi devant l'adversité.
12 Abba ! Père ! Montre-moi comment les épreuves peuvent devenir une occasion de croissance
13 Abba ! Père ! Montre-moi comment discerner Ta voix des autres voix.
14 Abba ! Père ! Montre-moi comment discerner Ta voix des influences du monde.
15 Abba ! Père ! Montre-moi comment discerner Ta voix des fausses influences du monde.
16 Abba ! Père ! Enseigne-moi à discerner Ta voix des fausses prophéties.
17 Abba ! Père ! Enseigne- moi à construire ma vie dans l'obéissance totale à Toi et un sens élevé d'humilité.
18 Abba ! Père ! Enseigne-moi à fuir le péché.
19 Abba ! Père ! Enseigne-moi comment à soumettre mes désirs et ma volonté à Ta volonté parfaite.
20 Abba ! Père ! Enseigne-moi à vivre pour défendre la cause de Christ.

APPROPRIATION PERSONNELLE

	Date :
Thème : LES QUESTIONS ET RÉPONSES ESSENTIELLES SUR MA DESTINÉE	
SUJETS DE PRIÈRE	RÉPONSES DE DIEU *(Comment Dieu a-t-il répondu ?* *Rêve, vision, verset biblique, intuition,* *parole, enseignement, pensée, paix,* *image, anges, etc)*
COUPLE	
PAPA	
MAMAN	
ENFANTS 1	
2	
3	
4	
5	
VIE PROFESSIONNELLE	
VIE MINISTERIELLE	
INTERCESSION : Pays, famille, Corps de Christ	

29

JOUR 29

LES QUESTIONS ESSENTIELLES POUR ORIENTER TA DESTINÉE

La quête de la direction et du sens est au cœur de l'expérience humaine. Nous aspirons à plus qu'une simple existence pour désirer une vie avec un but bien précis. Dans la perspective chrétienne, cette aspiration se traduit par la recherche permanente de notre destinée, le plan unique et spécial que Dieu a préparé pour chacun de nous avant la fondation du monde. La grande question est celle de savoir comment naviguer dans les eaux troubles de la vie pour découvrir et réaliser sa destinée dans le timing de Dieu ? Ce chapitre vous propose d'explorer le chemin de la destinée par une réflexion fondamentale au cœur des interrogations essentielles. En plongeant au cœur de ces interrogations, nous décrypterons les principes bibliques qui nous guideront dans l'accomplissement de notre destinée. Préparez-vous à un voyage introspectif où la foi, la patience, la persévérance deviendront vos boussoles.

? Question 1 : Suis-je heureux dans l'exercice de mon travail actuel ou je travaille sans aucune vision de Dieu ?

Dieu a un plan de bonheur pour vous et il veut que vous soyez heureux dans l'exercice de votre profession. Il placé Adam et Eve dans le jardin d'Eden pour le cultiver et le garder. En tant que chrétiens, nous avons la lourde responsabilité d'être des intendants de Dieu sur la terre. Dieu n'est pas responsable de nos malheurs dans Sa grande souveraineté. Il nous crée libres et responsables de nos actions sur la terre. Nous avons la charge d'appeler à l'existence des choses spirituelles afin qu'elles deviennent une réalité dans le monde physique. Notre travail devient alors une mission à accomplir et non un simple job qui nous permet de répondre à nos besoins physiques. Travailler est une opportunité d'accomplir la mission de Dieu sur terre en faisant de notre travail un outil d'évangélisation et de discipolat. Si tu n'es pas heureux dans ta carrière et si elle n'est pas une mission que tu accomplis, je te conseille de changer de couloir et de choisir un espace qui favorise le déploiement de tes talents sans être sous l'impulsion des émotions passagères mais sous la direction et l'approbation du Saint-Esprit. **Ne cherche plus un travail mais cherche tes talents et fructifie-les.** Ne cherche plus un travail mais une mission. Dans le travail séculier, ton patron est ton employeur alors qu'avec ta mission, ton employeur est on pourvoyeur.

❓ Question 2 : Pourquoi etes-vous dans le projet dans lequel vous vous trouvez ?

Avant de s'impliquer dans un projet, il est crucial dévaluer clairement vos motivations. Il arrive souvent que les autres nous influencent de manière directe ou indirecte dans les choix à opérer. Ainsi, nous intégrons des projets et nous nous réfléchissons sur le bien-fondé de notre intégration après coup. Souvent, on tombe dans le traquenard de la confusion et l'incapacité de se défaire de certains engagements. Personnellement, j'ai décidé de ne pas intégrer un groupe ou un mouvement sans avoir la conviction. Je prends la peine d'examiner les contours et les enjeux de l'intégration du mouvement en mettant un accent particulier sur le point de vue de Dieu. Dans cette dynamique, le point de vue de mon époux et celui de l'équipe d'intercession sont un excellent fil conducteur. Il est agréable de noter que tant que nous vivons, nous aurons des choix à opérer. Nous serons en permanence au carrefour de nos vies et de notre destinée et seule une excellente communion avec le Père céleste nous orientera parfaitement malgré les vicissitudes de la vie.

Question 3 : Les personnes que vous fréquentez sont-elle source de votre croissance pluridimensionnelle sur le chemin de votre destinée ?

La Bible nous enseigne que les mauvaises compagnies corrompent les bonnes mœurs. Le choix des amis et des partenaires de mission n'est pas un simple jeu mais un enjeu qui déterminera les résultats que vous obtiendrez. Ne dit-on pas généralement, dis-moi avec qui tu marches, je te dirai qui tu es ? Ta destinée est liée aux personnes avec qui vous marchez. Dans cette perspective, je parlerai de deux types de personnes :

❖ Celles qui vous éloignent de votre destinée,
❖ Celles qui vous rapprochent de votre destinée.

Les personnes qui vous éloignent de votre destinée sont plus nombreuses que celles qui vous rapprochent. Elles peuvent le faire de manière directe, indirecte, consciente ou inconsciente ou de manière subtile. J'ai vu plusieurs parents s'opposer au mariage de leurs enfants sans être du bon côté. Certains parents audacieux ont même déclaré que leurs enfants n'auront pas d'enfants dans leur foyer s'ils se mettaient ensemble pour le mariage. Contre toutes attentes ces mariés ont eu cinq enfants en six ans de mariage et les parents ont changé leur attitude.

Les personnes qui vous rapprochent de votre destinée sont celles qui croient en vous et qui vous encouragent à réaliser le rêve de Dieu pour votre vie. Elles vous poussent à grandir spirituellement et matériellement. Elles vous propulsent dans votre entreprise. Il s'agit de votre cercle d'influence et de conseils. Elles vous enseignent et vous inspirent dans le processus de découverte et de réalisation de votre destinée.

(?) **Question 4 : Si je continue sur la perspective actuelle, quel sera le résultat que j'obtiendrai sur le chemin de ma destinée ?**

Dans la vie, nous avons deux principales directions :
 ➲ La direction ou la perspective terrestre ;
 ➲ La direction ou la perspective céleste.

La direction terrestre valorise les biens matériels tels que la voiture, les belles maisons, les succès multiformes, les promotions professionnelles, l'argent et beaucoup d'argent comme la base du succès et du bonheur. Les biens matériels ne sont pas mauvais en eux-mêmes mais leur accorder la première place dans la vie peut s'avérer dangereux. On ne saurait construire une destinée autour des choses provisoires et éphémères. Dans cette direction, il est facile de sortir de sa destinée au profit du confort personnel et matériel. La direction terrestre vous prédispose à échouer la réalisation de votre destinée alors que la direction céleste est une plateforme qui vous prépare à la réalisation de votre destinée.

La direction céleste met une emphase sur la quête permanente de l'éternité. Elle a une portée céleste de la vie. Elle s'inscrit dans la dynamique de chercher d'abord le royaume de Dieu et nous aurons toutes choses par-dessus. C'est cette direction qui permet de construire sa destinée selon la volonté parfaite du Père. En donnant la priorité aux choses célestes telles que vivre pour Dieu, méditer et étudier la Parole, prier, servir Dieu et les autres, accomplir le plan de Dieu sur la terre, nous aurons sans doute les choses matérielles dont nous avons besoin pour construire notre destinée sur le roc et non sur le sable mouvant.

Ainsi, notre vie est la conséquence inéluctable de la direction que nous empruntons et **le choix de notre direction confirme notre destinée.** Il est donc inutile de courir alors que vous êtes sur la mauvaise direction. Arrêtez-vous et évaluez-vous et changez de direction si vous êtes sur la mauvaise trajectoire. **Dites-moi quelle est votre direction, je vous dirai quelle sera votre destinée.**

(?) Question 5 : Quelle est la qualité et la quantité de ma vie spirituelle pendant que j'avance sur le chemin de ma destinée ?

La qualité et la quantité de ma vie spirituelle doivent être prises en considération pendant que nous avançons sur le chemin de notre destinée. Nous devons nous rassurer que nous grandissons et que nos progrès sont évidents de tous. Il est question de faire une évaluation honnête et objective pour voir clairement si nous croissons ou si nous décroissons d'autant plus que **la qualité de notre vie spirituelle est très déterminante dans la trajectoire de notre destinée.** La qualité de notre vie spirituelle renvoie au moment de communion et d'intimité profonde avec Dieu au travers des prières, jeûnes, intercession, études de la Parole, etc et la quantité de notre vie spirituelle est le nombre de temps croissant passé dans la présence de Dieu. **La qualité et la quantité de nos vies spirituelles sont des indicateurs de notre croissance.** Nombreux sont les chrétiens qui vieillissent sans grandir dans la foi alors Dieu veut nous voir prospérer en toutes choses selon qu'il est écrit : **« bien- aimé, je souhaite que tu prospères à tous égards et sois en bonne santé, comme prospère l'état de ton âme »** 3Jean 2.

(?) Question 6 : Suis-je en train de construire ma destinée chaque jour ?

Il était une fois trois hommes qui construisaient leur destinée en travaillant avec beaucoup de diligence chaque jour. On a posé la même question à chacun de ces trois hommes et on a obtenu des résultats totalement différents. Le premier homme a répondu ainsi : Je ne crois pas en Dieu, d'ailleurs il n'existe pas. Et comme Dieu n'existe pas, je dois construire ma destinée et celle de ma famille tout seule car je n'attends rien de personne. C'est ce qui explique pourquoi je travaille très dur chaque jour pour améliorer notre condition de vie et laisser un héritage à nos enfants quand le moment de quitter cette terre viendra. Je crois que je parviendrai par mes propres forces et sans le secours de qui que ce soit. Tout ira pour le mieux et le nom de ma famille restera à jamais gravé dans les vies de générations en générations. La Bible appelle ce type de personne un homme animal. Il est écrit : **« l'homme animal ne reçoit pas les choses de l'Esprit de Dieu car elles sont une folie pour lui, et il ne peut les connaître car c'et spirituellement qu'on en juge » 1 Corinthiens 2 : 14.**

Le second homme a répondu ainsi : Je sais très bien que Dieu existe. Je lui ai même donné ma vie en L'acceptant personnellement comme Sauveur et Seigneur. Cependant, j'ai comme impression qu'il est lent à intervenir dans ma situation. Je lis la Parole de temps en temps mais j'ai du mal à la mettre en pratique. Parfois, je pense qu'il est impossible de vivre la vie chrétienne comme Dieu le veut. J'ai donc résolu de me frayer un chemin personnellement. J'applique la Parole de Dieu mais j'ai toujours le sentiment que je dois m'affirmer personnellement. Dans cette façon d'agir, je vis en permanence dans le péché et je vis dans la culpabilité. Je ne fais pas la volonté de Dieu quand elle est contraire à mes ambitions personnelles. Bien que chrétien, je me retrouve dans la fornication, la masturbation, l'adultère, la pornographie, le mensonge, la corruption, etc. La Bible appelle ce genre de personne homme charnel. Il est écrit : **« Pour moi, frères, ce n'est pas comme à des hommes spirituels que j'ai pu vous parler, mais comme à des hommes charnels, comme à des enfants en Christ. Je vous ai donné du lait, et non de la nourriture solide, car vous ne pouvez la supporter ; et vous ne le pouvez pas même à présent, parce que vous êtes encore**

charnels. En effet, puisqu'il y a parmi vous de la jalousie et des disputes, n'êtes-vous pas charnels et ne marchez-vous pas selon l'homme ? » 1 Corinthiens 3 : 1-3

Le troisième homme a répondu ainsi : Dieu est le Créateur de toutes choses et je ne peux rien réaliser sans Lui. J'ai pris la ferme résolution de Le servir de tout mon cœur car Il est mon Sauveur et mon Seigneur. Depuis que j'ai expérimenté la nouvelle naissance, ma vie a été totalement transformée. Je suis passé de chenille à papillon dans le processus d'une métamorphose complète. Les choses anciennes sont vraiment passées et toutes choses sont devenues nouvelles. Pendant que je construis ma destinée et celle de ma famille, je mets Dieu au centre de toutes mes entreprises. Je Lui donne la place de choix et je Le consulte en permanence pour me rassurer que je ne m'éloigne pas de Sa volonté parfaite. Je crois qu'il est venu pour que je sois dans l'abondance et pour que j'aie la vie éternelle. Je domine le péché par la puissance du Saint-Esprit en moi. Je ne pratique plus le péché et quand il m'arrive de pécher, je confesse mon péché et je redonne le trône de ma vie à Christ. Dieu est le constructeur de ma destinée en tant qu'architecte de ma vie. Je Lui fais totalement confiance car Il a de meilleurs projets pour moi. La Bible appelle ce genre de personne homme spirituel. Il est écrit : **« l'homme spirituel, au contraire, juge de tout, et il n'est lui-même jugé par personne » 1 Corinthiens 2 : 15.**

À quelle catégorie d'hommes appartenez-vous ? L'homme animal peut devenir chrétien en acceptant Jésus comme son Sauveur et Seigneur par un engagement et une prière de foi. Ainsi, il pourra laisser Dieu construire sa destinée avec lui. Le chrétien charnel doit abandonner son péché et marcher selon la volonté de Dieu pour construire une destinée glorieuse. L'homme spirituel quant à lui doit demeurer dans une excellente communion avec le Père pour construire sa destinée selon la volonté de Dieu. L'homme animal ne peut pas réaliser sa destinée sans Jésus. Le chrétien charnel étant en dehors de la volonté et du plan de Dieu pour sa vie ne saurait entrer dans le projet de Dieu pour sa vie. Seul le chrétien spirituel est doté de la capacité de découvrir et réaliser sa destinée.

(?) | **Question 7 : Suis-je dans la volonté de Dieu dans tout ce que je réalise alors que j'avance à grands pas sur le chemin de ma destinée ?**

Dieu a un plan pour chacun de Ses enfants. Il faut le découvrir et le réaliser. Cette découverte et cette réalisation sont tributaires de la mort en soi en toutes choses. La mort en soi ne consiste pas à se suicider mais renoncer à ses droits, ses avantages, sa volonté qui soit contraire à celle de Dieu dans l'optique d'épouser celle de Dieu. Paul avait une volonté propre et des ambitions personnelles. Il était un excellent persécuteur des chrétiens. Il a dû renoncer à ses plans personnels pour épouser ceux de Dieu. Il a demandé à Dieu sur le chemin de Damas : Que veux-tu que je fasse ? L'excellent persécuteur d'hier est devenu un excellent défenseur de la cause de l'évangile. Voulez- vous vous poser la question suivante : Quelle est la volonté de Dieu pour ma vie ? Le renoncement n'a de valeur que lorsque vos voies sont contraires à celles de Dieu et lorsque vos pensées sont contraires à celles de Dieu. Le chrétien spirituel a la pensée de Dieu en toutes choses. A force de chercher plaire à Dieu, sa volonté est celle de Dieu et ses pensées sont celles de Dieu alors qu'il grandit dans le processus de croitre dans la pleine ressemblance à Christ.

De façon générale, notre volonté est contraire à celle de Dieu et nous avons la responsabilité d'abandonner notre volonté charnelle pour nous consacrer à celle du Père céleste. Jésus qui est Dieu et qui est homme a renoncé s à sa volonté personnelle pour s'approprier celle de Dieu selon qu'il est écrit : **« Mon Père, s'il est possible, que cette coupe s'éloigne de moi ! Toutefois, non pas ce que je veux, mais ce que tu veux ».** Tant que vous ne renoncez pas à votre volonté personnelle, vous ne pouvez pas réaliser la volonté de Dieu. Le jeune homme riche n'a pas renoncé à ses biens matériels et il est sorti du plan de Dieu pour sa vie. La femme de Lot n'a pas résisté à l'amour des biens matériels et elle fut transformée en statue de sel sortant ainsi de la destinée glorieuse que Dieu a prévue pour elle. Sa présence en tant que mère n'aurait pas empêché ses filles de commettre l'inceste avec leur père ? À quoi dois-tu renoncer pour réaliser ta destinée ? Il s'agit de voir clairement comment opérer le triple renoncement :

- ✓ Renoncer à ce que vous êtes ;
- ✓ Renoncer à ce que vous avez ;
- ✓ Renoncer à ce que vous faites pour laisser le dessein de Dieu se réaliser.

Évaluez-vous objectivement et repartez sur de nouvelles bases avec le Tout-Puissant.

Au terme de cette exploration des questions essentielles pour orienter la destinée, nous réalisons que le chemin de la destinée n'est pas toujours une ligne droite sans embuches, mais il se révèle au fur et à mesure que nous marchons avec Dieu. La destinée n'est une passivité, la résignation mais une invitation à collaborer avec Dieu. C'est pourquoi elle exige une écoute attentive, une obéissance totale, et une foi inébranlable. Les défis rencontrés sur le chemin de la destinée ne sont pas des obstacles insurmontables mais des opportunités de croissance et de manifestation de la grâce divine. Que ces questions qui persistent dans vos cœurs vous incitent à une introspection continue et à un meilleur niveau de consécration renouvelée. Que la sagesse de Dieu guide nos pas, nous permettant ainsi de vivre pleinement la vie abondante et significative qu'il a préparée pour nous. La plus grande aventure est celle de découvrir et réaliser sa destinée dans la volonté parfaite du Père céleste.

POINTS DE PRIÈRE

1   Abba ! Père ! Montre-moi le rapport étroit entre mes talents et mon travail.

2   Abba ! Père ! Montre-moi comment faire de mon travail une mission.

3   Abba ! Père ! Montre-moi comment donner à mon travail une portée céleste.

4   Abba ! Père ! Montre-moi comment vivre pour la cause de Christ pendant que je travaille.

5   Abba ! Père ! Montre-moi comment laisser un héritage à l'humanité par mon travail.

6   Abba ! Père ! Enseigne-moi à opérer de bons choix au carrefour de ma destinée.

7   Abba ! Père ! Montre-moi comment demeurer dans Ta voix devant une multitude de voix.

8   Abba ! Père ! Montre-moi les personnes qui m'éloignent de ma destinée.

9   Abba ! Père ! Montre-moi les personnes qui me rapprochent de ma destinée.

10 Abba ! Père ! Montre-moi comment construire de bonnes relations avec les personnes qui contribuent à ma croissance sur le chemin de ma destinée.

11 Abba ! Père ! Montre-moi comment vivre ma destinée avec une perspective céleste.

12 Abba ! Père ! Montre-moi comment donner aux choses terrestres une portée céleste.

13 Abba ! Père ! Montre-moi comment grandir spirituellement pendant que j'avance sur le chemin de ma destinée.

14 Abba ! Père ! Montre-moi comment construire ma destinée en Te mettant au centre.

15 Abba ! Père ! Montre-moi comment construire ma destinée

en Te faisant totalement confiance.

16 Abba ! Père ! Enseigne-moi à renoncer à ce que je suis dans le voyage de ma destinée.

17 Abba ! Père ! Enseigne- moi à renoncer à ce que j'ai dans le voyage de ma destinée.

18 Abba ! Père ! Enseigne-moi à renoncer à ce que je fais dans le voyage de ma destinée.

19 Abba ! Père ! Enseigne-moi comment Te convier le volant de la voiture de destinée.

20 Abba ! Père ! Enseigne-moi à payer le prix de la consécration totale dans le voyage de ma destinée.

APPROPRIATION PERSONNELLE

	Date :
Thème : LES QUESTIONS ESSENTIELLES POUR ORIENTER TA DESTINÉE	
SUJETS DE PRIÈRE	**RÉPONSES DE DIEU** *(Comment Dieu a-t-il répondu ? Rêve, vision, verset biblique, intuition, parole, enseignement, pensée, paix, image, anges, etc)*
COUPLE	
PAPA	
MAMAN	
ENFANTS 1	
ENFANTS 2	
ENFANTS 3	
ENFANTS 4	
ENFANTS 5	
VIE PROFESSIONNELLE	
VIE MINISTERIELLE	
INTERCESSION : Pays, famille, Corps de Christ	

30

JOUR 30

LES ESSENTIELS POUR ENTRER DANS MA DESTINÉE

Chaque personne porte en elle le potentiel et les velléités d'une destinée unique et significative. La question principale qui bouscule les esprits est celle de savoir comment passer du potentiel à la réalité, du rêve à l'accomplissement ? Contrairement à ce que plusieurs peuvent penser, entrer pleinement dans sa destinée n'est pas une question de chance ou de circonstances favorables mais une série de choix intentionnels et un engagement profond envers les principes bibliques fondamentaux. Ces essentiels sont des fondements solides sur lesquels il faut construire une vie en harmonie avec la Parole de Dieu. Ils exigent un cœur bien disposé, une foi persévérante et inébranlable ainsi que la connaissance intime de Dieu, la découverte de ses dons et talents, l'ouverture aux opportunités et aux portes ouvertes, le courage de prendre des risques et de sortir de sa zone de confort sans oublier la persévérance face aux difficultés et aux déceptions de la vie.

1. La connaissance intime de Dieu

Nombreux sont ceux qui vont à l'église sans toutefois avoir une intimité et une relation profonde avec la personne du Seigneur Jésus. Ils vont à l'église, pratiquent des principes religieux, occupent de grands postes de responsabilité sans pour autant rencontrer Dieu personnellement. Ce fut le cas de Nicodème, un chef des Juifs, un homme d'entre les Pharisiens, docteur de la loi, qui ne savait quoi faire pour vivre une expérience personnelle avec Dieu. David, le roi, par contre avait une expérience intime avec Dieu. C'est cette intimité qui l'a soutenue et orienté pour qu'il surmonte ses peurs pour entrer dans sa destinée même dans les moments les plus sombres de sa vie. Il connaissait Dieu comme un ami. La Bible nous apprend que Moïse parlait avec Dieu comme on parle à un ami. Plus on passe du temps avec un ami, plus on sait ce qu'il aime, apprécie, déteste et comment il pourrait agir dans des situations différentes. La connaissance de Dieu est bien plus que croire à son existence.

Il s'agit de développer une communion profonde avec Lui par le biais des exercices spirituels tels que la prière, la méditation, l'expérience de sa présence. Cette expérience de la connaissance de Dieu commence par la nouvelle naissance qui qui consiste à prendre l'engagement de renoncer à son passé pour dorénavant vivre comme Dieu le veut en acceptant Jésus comme Sauveur et Seigneur personnel. C'est la décision la plus importante d'une vie. Jésus répondit à Nicodème ainsi : **« En vérité en vérité, je te le dis, si un homme ne nait de nouveau, il ne peut voir le royaume de Dieu. » Jean 3 : 3** Etes-vous né de nouveau ? Les membres de votre famille ont-ils une expérience de la nouvelle naissance ? Si vous voulez naitre de nouveau pour devenir un membre de la famille de Dieu, je vous encourage à prendre un engagement à l'être en vous orientant par la prière suivante :
« Seigneur Jésus, je dis NON à toute ma vie sans Toi. Merci pour Ta mort à la croix et Ta résurrection. Je T'ouvre mon cœur et je t'accepte comme mon Sauveur et Seigneur. Merci pour le pardon de mes péchés et la vie éternelle que tu me donnes. Merci de faire de moi un membre de la famille divine ».

2. La découverte des dons et des talents

Dieu a doté chacun de nous de dons et de talents uniques qui sont des indices précieux de sa destinée. C'est dire que, découvrir ses talents et ses dons ne se limite pas seulement à identifier ses compétences naturelles mais aussi à discerner le potentiel spirituel en vous pour déployer pour mieux servir Dieu. La découverte de ses talents ouvre de grandes portes vers a destinée. Néanmoins, la découverte n'est pas une fin en soi mais un moyen pour rendre service au corps du Christ. Découvrir ses talents est une chose et les fructifier en est une autre. **Celui qui découvre ses talents et qui ne s'investit pas pour les cultiver pour le bien-être du corps de Christ est semblable à un médecin qui a trouvé le médicament contre le SIDA et d'autres maladies incurables mais choisit délibérément de les cacher à la face du monde.** Vos talents ne sont pas seulement destinés à votre bien-être personnel. Ils doivent être orientés vers l'équipement du corps de Christ.

3. Saisir les opportunités et les portes ouvertes

Pour entrer dans notre destinée, nous avons besoin d'être attentif aux opportunités que Dieu place sur notre chemin. Ces opportunités peuvent être présentes sous différentes formes telles qu'une rencontre inattendue, une proposition surprenante, un défi encourageant ou une porte qui s'ouvre de manière inexpliquée. Il est écrit à cet effet : **« je reconnais tes œuvres. Voici, parce que tu as eu de puissance, et que tu as gardé ma parole, et que tu n'as pas renié mon nom, j'ai mis devant toi une porte ouverte, que personne ne peut fermer, car tu as peu de puissance, et tu as gardé ma parole, et tu n'as pas renié mon nom »** Apocalypse 3 : 8. L'histoire d'Esther montre clairement comment Dieu a orchestré une série d'événements pour la placer dans une position stratégique dans l'optique de sauver son peuple. Il est question de suivre un chemin où les panneaux indicateurs nous orientent vers notre destination. Il faut être attentif aux panneaux et ne pas douter d'emprunter les routes qu'ils nous indiquent.

4. L'audace pour prendre des risques et sortir de sa zone de confort

Il est question de prendre les risques calculés et sortir de sa zone de confort pour entrer dans sa destinée. Cela peut exiger de quitter un emploi stable, de démarrer une entreprise, d'aménager dans un autre pays, ou s'engager dans une nouvelle relation. L'exemple d'Abraham montre comment Dieu a appelé Abraham à quitter son pays, sa famille pour se rendre dans un lieu qu'il ne connaissait pas et un acte de foi audacieux a donné naissance à la nation d'Israèl. C'est comme nager qui consiste à oser se jeter dans l'eau et affronter sa peur pour pouvoir découvrir le plaisir de flotter et de se déplacer dans l'eau.

5. La persévérance face aux obstacles et aux déceptions de la vie

Le chemin de la destinée est un parcours complexe. Il est parfois parsemé d'obstacles inattendus. La persévérance devient comme la clé pour surmonter ces obstacles et avancer même quand tout semble perdu. Il est écrit : « **Bien plus, nous nous glorifions même dans nos afflictions, sachant que l'affliction produit la persévérance, la persévérance la victoire sur l'épreuve… » Romains 5**

POINTS DE PRIÈRE

1   Abba ! Père ! Montre-moi à discerner l'essentiel de ma destinée afin de la réaliser dans une excellente communion avec Toi.

2   Abba ! Père ! Montre-moi comment grandir dans mon appel sans me compromettre dans ma marche avec Toi.

3   Abba ! Père! Montre-moi le chemin qui conduit à ma destinée en dissipant tout doute et toutes confusions.

4   Abba ! Père ! Montre-moi comment discerner Ta voix à chaque étape de notre développement spirituel.

5   Abba ! Père ! Montre-moi comment prendre des décisions sages dans le voyage de ma destinée par une communion parfaite avec Toi.

6   Abba ! Père ! Enseigne-moi à éviter les pièges et les distractions pendant que j'avance dans la perspective de ma destinée.

7   Abba ! Père ! Montre-moi comment vivre avec Ton Esprit de sagesse dans la perspective de ma destinée.

8   Abba ! Père ! Montre-moi comment être rempli en permanence de force et de courage dans la dynamique de notre destinée.

9   Abba ! Père ! Montre-moi comment discerner les meilleures stratégies pour surmonter des difficultés sur le chemin de la destinée.

10 Abba ! Père ! Montre-moi comment discerner les défis et les oppositions qui se dresseront sur ma destinée.

11 Abba ! Père ! Montre-moi comment discerner les meilleures stratégies pour persévérer et ne jamais abandonner sur le chemin de la destinée.

12 Abba ! Père ! Montre-moi comment discerner expérimenter Ta protection totale contre les maladies, les attaques

spirituelles, les accidents et les personnes mal intentionnées dans le processus de réalisation de maa destinée.

13 Abba ! Père ! Montre-moi comment discerner les relations stratégiques qui pourront m'accompagner sur le chemin de ma destinée.

14 Abba ! Père ! Montre-moi comment discerner les relations toxiques et nuisibles qui pourraient me freiner dans la réalisation de ma destinée.

15 Abba ! Père ! Montre-moi comment discerner Ta voix au milieu d'une multitude de voix.

16 Abba ! Père ! Enseigne-moi à rechercher Ta sagesse en permanence.

17 Abba ! Père ! Enseigne- moi à vivre une vie de soumission et d'abandon au Saint-Esprit.

18 Abba ! Père ! Enseigne-moi à payer le prix pour sortir de ma zone de confort.

19 Abba ! Père ! Enseigne-moi à développer plus de résilience sur le chemin de ma destinée.

20 Abba ! Père ! Enseigne-moi à rechercher plus de profondeur avec Toi sur le chemin de ma destinée.

APPROPRIATION PERSONNELLE

	Date :
Thème : LES ESSENTIELS POUR ENTRER DANS MA DESTINÉE	

SUJETS DE PRIÈRE	**RÉPONSES DE DIEU** *(Comment Dieu a-t-il répondu ? Rêve, vision, verset biblique, intuition, parole, enseignement, pensée, paix, image, anges, etc)*
COUPLE	
PAPA	
MAMAN	
ENFANTS 1	
ENFANTS 2	
ENFANTS 3	
ENFANTS 4	
ENFANTS 5	
VIE PROFESSIONNELLE	
VIE MINISTERIELLE	
INTERCESSION : Pays, famille, Corps de Christ	

31

JOUR 31

MA DESTINÉE EST EN MOI !

Notre destinée est cachée en nous. Elle ne dépend pas nécessairement des circonstances et des événements extérieurs. Il est vrai que les phénomènes extérieurs peuvent concourir à lutter contre notre destinée mais **rien ou personne ne peut empêcher le plan parfait de Dieu de se réaliser.** C'est pourquoi il est conseillé de ne pas vivre sa destinée de manière passive. Dieu bénit les personnes en action et les personnes en mouvement. Il a béni Abraham quand il a obéi à Sa voix en quittant la maison de son père. Il a visité Paul quand il était sur le chemin de Damas. C'est pendant que David prenait soin du troupeau que Dieu l'a oint pour être le roi établi sur Israël après Saul. **Notre destinée est dans le présent et non dans le futur sous la forme du potentiel divin enfoui en nous.** Le potentiel en nous constitue déjà la base de notre futur. Tout comme une graine contient en elle un arbre, tout comme bébé est déjà un homme ou une femme, le potentiel divin qui est en nous doit être entretenu tout comme la graine enfouie dans le sol et le bébé qui vient de naître. La graine a besoin de lumière, d'eau, de nourriture pour vivre sinon elle ne grandira pas. Le bébé s'il n'est pas bien nourri, vêtu devient chétif, nain et pourra même mourir. Pendant que je méditais sur les questions de la destinée, j'ai découvert une chose extraordinaire que je voudrais partager avec vous : **tout ce que Dieu veut réaliser avec vous se trouve totalement en vous.** Il a mis en chacun de nous un dépôt pour que nous accomplissions notre destinée. Ce dépôt est caché en chacun de nous d'une manière particulière. Vous pouvez avoir des capacités naturelles extraordinaires en vous mais tant que vous ne les valoriser pas, ils disparaitront avec du temps qui passe. Il en de même pour votre appel. **Vous pouvez avoir un appel alléchant sur votre vie, tant que vous ne le nourrissez pas, ne le valorisez pas, ne le fructifier pas, il mourra à coup sûr.** C'est sans doute l'une des raisons pour lesquelles Paul exhortait Timothée en ces termes : « **ne néglige pas le don qui est en toi.** »

Le principe selon lequel ce que nous ne développons pas finit par mourir est très pertinent. Quand j'étais au secondaire et au début de mes études universitaires, je parlais avec aisance trois langues officielles et deux langues nationales. Quand j'ai cessé de m'exprimer en la troisième langue étrangère qu'est l'Espagnol j'ai perdu l'aptitude de la parler et elle a quasi disparu de mon langage. Il en est de même des dons, talents et des dépôts qui ne sont pas cultivés dans leur plein potentiel. Ils finissent par s'amenuiser et par disparaitre progressivement. **Il n'y a pas de petit dépôt venant de Dieu. Il n'y a pas de sot talent venant du Père. Il n'y a pas de talents dégradants ou de peu de valeur.** C'est pourquoi, nous ne devons mépriser aucun de ces potentiels divins en nous. Nous devons les utiliser à bon escient pour ne pas les gaspiller et nous ne devons pas les sous utiliser ou les sous exploiter de quelque manière que ce soit. Déployez votre potentiel divin dans toute sa profondeur.

☙ Ne crains pas, investis et déploie tes talents !

L'une des armes efficaces que Satan utilise pour nous décourager sur le chemin de la réalisation de notre destinée est la peur. Il nous fait croire que nous sommes incapables. C'est pourquoi je t'encourage à ne plus avoir peur des mensonges du diable qui est le père du mensonge. Il utilise la peur pour te paralyser, te dévaloriser, te déprécier. Il te fera croire que ton avenir est incertain, et que tu vas sans doute faire banqueroute sur le chemin de la réalisation de ta destinée. Il te poussera à avoir peur d'échouer, la peur de commencer ou la peur de continuer. Dieu est courant de cette réalité et c'est sans doute la raison pour laquelle il dit à Josué quand il prend la relève après Moïse : **« Fortifie-toi et prends courage. Ne t'effraie point et ne t'épouvante point, car l'Eternel, ton Dieu, est avec toi dans tout ce que tu entreprendras. » Josué 1 : 9** N'ayez plus peur de ne pas vous marier, de ne pas avoir d'enfants, de ne pas avoir un bon travail, de passer à côté de votre destinée car celui qui se confie à l'Eternel ne chancelle pas. La peur devrait être présente sans pour autant vous empêcher d'agir.

☾ Anéantis le géant qui paralyse ta destinée

Dieu nous donne l'assurance contre la peur en affirmant : **« Ne crains pas car je suis avec toi. » Esaïe 41 : 10** Cette parole d'encouragement intervient 365 fois dans la Bible pour signifier qu'il y a une parole d'assurance pour chaque jour. Je vous encourage à identifier les géants qui se dressent contre votre destinée maintenant. Faites un bilan objectif dans l'optique de déceler les obstacles majeurs et mineurs qui pourront vous empêcher d'entrer dans votre destinée et réaliser votre plein potentiel selon le standard divin. Il peut s'agir d'un problème financier, un problème conjugal ou familial, la désobéissance des enfants, l'adultère d'un mari, ou toutes autres difficultés. Quand tous les soldats étaient paralysés par le géant Goliath, David était rempli de foi et de détermination. La peur est une véritable prison qui embrigade votre destinée dans les sentiers de la médiocrité. Jésus conscient des dégâts de la peur sur notre futur déclare : **« ne vous inquiétez donc pas du lendemain ; car le lendemain aura soin de lui-même ». Alors que la peur est la prison, la foi est la clé qui te libère de toutes formes de prisons dans lesquelles Satan te tenait captif.** Les paroles de David devant Goliath sont une source d'inspiration et de bénédiction. Il déclara : **« l'Eternel m'a délivré de la griffe du lion et de la patte de l'ours me délivrera aussi de ce Philistin3 Samuel 13 : 37.**

Au plus profond de chaque individu, tel un trésor enfoui dans le sol, se trouve le plan unique et parfait conçu par Dieu. **Votre** destinée n'est pas une entité extérieure à vous mais elle est une réalité intérieure à découvrir et à débloquer. **Elle est inscrite s dans notre ADN spirituel, façonné par nos dons, passons, et nos expériences.** Néanmoins, notre potentiel divin peut rester latent et obscurci par les doutes, les peurs et les distractions diverses du monde. **Connaitre son identité, c'est connaitre le point de départ de sa direction et sa destinée. C'est au cœur de notre être profond que se révèle notre destinée.**

☙ Le potentiel divin est gravé en nous

Dans Sa grande souveraineté, Dieu a déposé en chacun de nous une capacité à accomplir de grandes choses et un potentiel unique. Dans cette dynamique, nous comprenons que nous ne sommes pas le fruit du hasard ou des accidents de parcours mais des créations intentionnels de Dieu. Le potentiel divin en nous est semblable à un bébé qui porte en lui tout ce dont il a besoin pour devenir un homme équilibré. Votre destinée n'est nulle part ailleurs. Elle est en vous. Cherchez-la et valorisant non seulement pour les autres mais également pour le corps de Christ.

N'attendez plus que votre destinée tombe du ciel car elle est en vous. Levez-vous et prenez votre destinée en mains pour que le cœur de Dieu soit en permanence satisfait. La peur sera toujours présente dans le voyage de notre destiné mais ne lui cédons pas la première place quelque raisons que ce soit.

POINTS DE PRIÈRE

1   Abba ! Père ! Montre-moi comment Tu as tout déposé en moi pour accomplir ma destinée.

2   Abba ! Père ! Montre-moi comment découvrir le dépôt en moi pour le valoriser et le fructifier.

3   Abba ! Père! Montre-moi comment mettre une emphase particulière sur mon développement personnel en rapport direct avec mon éclosion spirituelle.

4   Abba ! Père ! Montre-moi comment Te dire merci pour tout ce que Tu as mis en moi pour réaliser ma destinée.

5   Abba ! Père ! Montre-moi comment me construire personnellement dans l'optique de bénir un grand nombre de personnes.

6   Abba ! Père ! Enseigne-moi à utiliser le potentiel caché derrière mon tempérament et ma personnalité sur le chemin de ma destinée.

7   Abba ! Père ! Montre-moi comment faire bon usage de mon background familial dans mon voyage de destinée.

8   Abba ! Père ! Montre-moi comment faire bon usage de mon background culturel pour mon éclosion spirituelle.

9   Abba ! Père ! Montre-moi comment faire bon usage de mon background spirituel pour mon éclosion dans le voyage de la destinée.

10 Abba ! Père ! Montre-moi comment faire bon usage de mon background intellectuel dans le voyage de ma destinée.

11 Abba ! Père ! Montre-moi comment faire bon usage de mon background social dans le voyage de ma destinée.

12 Abba ! Père ! Montre-moi comment faire bon usage de la famille où j'ai grandi dans le voyge de ma destinée.

13 Abba ! Père ! Montre-moi clairement qui je suis à Tes yeux dans le grand voyage de ma destinée.

14 Abba ! Père ! Montre-moi clairement que mes expériences heureuses et douloureuses font partie intégrante de l'équipement de mon voyage missionnaire.

15 Abba ! Père ! Montre-moi clairement comment mon éducation est un outil capital dans la réalisation de ma destinée.

16 Abba ! Père ! Enseigne-moi à voir comment mon origine a une contribution importante dans la réalisation de ma destinée.

17 Abba ! Père ! Enseigne- moi comment mon statut matrimonial concoure à la réalisation de ma destinée.

18 Abba ! Père ! Enseigne-moi à comprendre que tout ce qui est en moi constitue une force importante dans mon voyage de destinée.

19 Abba ! Père ! Enseigne-moi clairement comment faire bon usage des expériences douloureuses du passé pour qu'elles me propulsent sur la route de ma destinée.

20 Abba ! Père ! Enseigne-moi à multiplier le potentiel en moi et à paralyser toutes formes de peur qui me maintienne en captivité m'empêchant ainsi de me déployer à fond.

APPROPRIATION PERSONNELLE

	Date :
Thème : MA DESTINÉE EST EN MOI !	
SUJETS DE PRIÈRE	**RÉPONSES DE DIEU** *(Comment Dieu a-t-il répondu ? Rêve, vision, verset biblique, intuition, parole, enseignement, pensée, paix, image, anges, etc)*
COUPLE	
PAPA	
MAMAN	
ENFANTS 1	
2	
3	
4	
5	
VIE PROFESSIONNELLE	
VIE MINISTERIELLE	
INTERCESSION : Pays, famille, Corps de Christ	

32

JOUR 32

TU AS TOUT EN TOI POUR RÉUSSIR TA DESTINÉE

L'aspiration à la réussite est un désir profondément enfoui dans le cœur de tout homme. Nous voulons réaliser des exploits, atteindre nos objectifs, réaliser ce pourquoi nous sommes sur la terre et impacter positivement le monde. Néanmoins, le chemin de la réussite est souvent parsemé de difficultés et d'embûches qui peuvent nous amener à remettre en cause le fait que Dieu n'ait pas un plan d'échec pour nous. Avant notre naissance, Dieu a déposé en chacun de nous le nécessaire pour prospérer et accomplir notre destinée. Cette prospérité ne se limite pas à l'acquisition des biens matériels, une excellente renommée, mais un dépôt des capacités uniques et des ressources intérieures de la direction divine. Nous explorons comment Dieu nous équipe pour le succès avec pour référence des figures emblématiques telles que Moïse, Joseph et Daniel qui nous démontrent comment la grâce de Dieu associée à leur persévérance et leur fidélité les a conduits à des destinées extraordinaires. Vous découvrirez avec moi que la réussite selon le plan de Dieu est beaucoup plus profonde et significative que ce que le monde nous propose.

Moïse est né dans un contexte de crise et d'oppression et il était destiné à une vie d'esclave. Cependant Dieu l'a choisi pour délivrer son peuple de la servitude. Il lui a donné le courage, l'éloquence et l'autorité nécessaire pour affronter le Pharaon dans le but de mener les Israélites hors d'Egypte. Dans une attitude d'obéissance et de foi, Moise a respecté les instructions divines même quand tout .semblait impossible. Il est écrit ! **« Maintenant, va, je t'enverrai auprès de Pharaon et tu feras sortir d'Egypte mon peuple, les enfants d'Israël. Moise dit à Dieu : Qui suis-je pour aller vers Pharaon, et pour faire sortir d'Egypte les enfants d'Israël ? Dieu dit : Je serai avec toi ; et voici le signe que c'est moi qui t'envoie : quand tu auras fait sortir le peuple d'Egypte, vous servirez Dieu sur cette montagne » Exode 3 : 10- 12.** Moise avait un bâton en mains quand il pensait qu'il n'avait rien. Souvent, nous attendons un signe particulier et extraordinaire alors que nous avons tout en nous. Dieu veut utiliser ce que tu as maintenant pour apporter la transformation totale dans le domaine de ton appel. Qu'avez-vous en mains maintenant ?

Joseph, avant dernier fils de Jacob fut vendu comme esclave par ses propres frères. Malgré l'injustice et l'adversité, Dieu lui a donné la capacité d'interpréter les rêves à en croire **Genèse 41 :39.** Grace à sa capacité d'interprète des rêves, il est devenu un homme digne de confiance en Egypte et il a réussi l'exploit de sauver toute sa famille et Dieu a récompensé l'intégrité, l'humilité et la sagesse de Joseph. Il est écrit : **« Et le Pharaon dit à Joseph : puisque Dieu t'a fait connaitre toutes ces choses, il n y a personne qui soit aussi intelligent et aussi sage que toi. Je t'établirai sur ma maison, et tout mon peuple obéira à tes ordres. Le trône seul m'élèvera au-dessus de toi. Pharaon dit encore à Joseph ; vois, je t'établis sur tout le pays d'Egypte. » Genèse 41 : 39-41.** Joseph a su valorisé ses rêves, ses capacités naturelles et il fut élevé en dignité dans une terre étrangère. Ses rêves en lui furent le point de départ d'une destinée glorieuse. Qu'est-ce qui en vous reste encore non cultivé et fructifié pour que votre destinée se réalise en cette saison ?

Daniel bien que déporté à Babylone est resté fidèle et a refusé de se compromettre avec les idoles et les repas souillés de la table du roi. Dieu lui a accordé une sagesse exceptionnelle et la capacité de comprendre les visions et les mystères. Sa loyauté et sa piété lui ont valu les faveurs des rois et lui ont permis d'exercer une influence positive dans u environnement païen. Il est écrit : **« mon Dieu a envoyé son ange et a fermé la gueule des lions, qui ne m'ont fait aucun mal, parce que j'ai été trouvé innocent devant lui ; et devant toi non plus, o mon roi, je n'ai rien fait de mauvais. Alors le roi fut très joyeux, et il ordonna qu'on fit sortir Daniel de la fosse. Daniel fut retiré de la fosse, et on ne trouva sur lui aucune blessure, parce qu'il avait eu confiance en son Dieu » Daniel 6 : 22-23.** Daniel a su valorisé les dons et les capacités divines enfouies en lui. Le fait que son environnement n'était pas favorable à son éclosion spirituelle ne fut pas un obstacle à la réalisation du plan de Dieu pour sa vie. On peut se poser la question de savoir quelle est le dénominateur commun de ces trois hommes de Dieu. La réponse est claire. Tout ce qu'ils faisaient était en harmonie avec la volonté parfaite de Dieu.

À travers la vie des Moise, Daniel et Joseph et leurs témoignages inspirants, nous comprenons que notre vie n'est pas le fruit du hasard. Dieu a préparé les dispositions internes en nous pour faciliter la réalisation de notre destinée selon un plan bien précis. Ainsi, la réussite selon Dieu n'est pas nécessairement la quête effrénée des biens matériels mais la culture des dons et des talents divins dans une attitude de persévérance face aux défis en restant connectés à la source. C'est pourquoi il est bon de rêver grand et rechercher l'excellence en permanence sous la houlette du Tout Puissant qui est toujours présent sur le chemin de notre destinée. Le secret réside dans la recherche et la demeure dans la volonté parfaite de Dieu, lui faire totalement confiance. Peu importe l'environnement dans lequel nous nous trouvons, les circonstances et les événements difficiles de notre vie, le plan parfait de Dieu pour nous peut se réaliser au travers de la culture des dons et des talents en nous si nous décidons de les déployer sans compromissions.

POINTS DE PRIÈRE

1. Abba ! Père ! Montre-moi que ma vie n'est pas le fruit du hasard.
2. Abba ! Père ! Montre-moi que je suis né pour la liberté et non l'esclavage.
3. Abba ! Père ! Montre-moi comment utiliser le pouvoir de libre arbitre pour l'éclosion de ma destinée.
4. Abba ! Père ! Montre-moi comment valoriser le potentiel en moi pour mieux réaliser ma destinée.
5. Abba ! Père ! Montre-moi comment identifier et fructifier le dépôt en moi dans le voyage explorateur de ma destinée.
6. Abba ! Père ! Enseigne-moi à fructifier mes talents et mes dons spirituels.
7. Abba ! Père ! Montre-moi comment extirper toute la ressource et la substance en moi pour Te servir.
8. Abba ! Père ! Montre-moi les talents cachés en moi qui sont sous explorés.
9. Abba ! Père ! Montre-moi les potentiels non utilisés en moi.
10. Abba ! Père ! Montre-moi comment construire une vie sur la base des valeurs en moi.
11. Abba ! Père ! Montre-moi comment vivre ma destinée en explorant ce que Tu as mis en moi.
12. Abba ! Père ! Montre-moi comment multiplier et valoriser les talents sous-développés en moi.
13. Abba ! Père ! Montre-moi comment donner de la valeur aux qualités enfouies en moi.
14. Abba ! Père ! Montre-moi comment construire ma destinée avec ce que j'ai au fond de moi.
15. Abba ! Père ! Montre-moi comment construire ma destinée avec ma taille, mon teint, ma personnalité.

16 Abba ! Père ! Enseigne-moi à construire ma destinée avec la famille que Tu m'as donnée.

17 Abba ! Père ! Enseigne- moi à construire ma destinée avec les enfants que Tu m'as donnés.

18 Abba ! Père ! Enseigne-moi à construire ma destinée avec mon foyer.

19 Abba ! Père ! Enseigne-moi comment construire ma destinée avec mes mains et mes pieds.

20 Abba ! Père ! Enseigne-moi à construire ma destinée avec ce que je suis.

APPROPRIATION PERSONNELLE

	Date :
Thème : TU AS TOUT EN TOI POUR RÉUSSIR TA DESTINÉE	
SUJETS DE PRIÈRE	**RÉPONSES DE DIEU** *(Comment Dieu a-t-il répondu ? Rêve, vision, verset biblique, intuition, parole, enseignement, pensée, paix, image, anges, etc)*
COUPLE	
PAPA	
MAMAN	
ENFANTS 1	
2	
3	
4	
5	
VIE PROFESSIONNELLE	
VIE MINISTERIELLE	
INTERCESSION : Pays, famille, Corps de Christ	

33

JOUR 33

COMMENT TROUVER LES PARTENAIRES DE DESTINÉE ?

Dieu a placé sur notre chemin des personnes qui constituent la clé de notre destinée. Elles sont souvent à coté de nous mais nous ne le réalisons pas toujours. La quête des partenaires de destinées est une aspiration profondément humaine. Il ne s'agit pas de trouver l'âme sœur romantique mais identifier clairement les individus, qui par leur présence, leur influence et leur conseil pourront nous propulser dans l'accomplissement des bonnes œuvres que Dieu a prévues pour nous. Ces partenaires peuvent être des amis, des collaborateurs de service, des membres de notre famille biologique, des associés ayant un objectif commun : celui de nous accompagner sur le chemin de notre destinée. La recherche de ces alliés exige une introspection, une ouverture d'esprit, et des actions intentionnelles. La grande question est celle de savoir **comment trouver ces personnes qui ont la clé de ma destinée.** Avant d'apporter quelques éléments de réponse, focalisons-nous sur les attitudes à développer pour avoir d'excellents alliés de la mission.

✓ **Les attitudes à développer pour avoir d'excellents alliés**

Trouver des alliés de la mission est un art qui se construit avec beaucoup de tact et de sagesse en cultivant les attitudes précises et en posant des actions appropriées.

1. L'introspection

Il est bon de se connaître avant d'attirer les bonnes personnes. Posez-vous plusieurs questions telles que ; quelles sont vos valeurs ? Vos forces et vos faiblesses ? Vos objectifs à long terme ? Quand vous avez une idée claire de votre identité et de votre vision, vous serez mieux préparé à discerner les individus dont les aspirations et les qualités sont complémentaires aux vôtres. Prenez du temps et réfléchissez sur le type de personnes qui vous inspirent et vous encourage en vous offrant des perspectives différentes. Les informations que vous obtiendrez vous serviront de boussole.

2. Développez une mentalité d'ouverture et de curiosité

Ne restez pas seul dans votre coin. Ne vivez as comme une ile, déconnectée de s autres personnes. Sortez de votre zone de confort et participez aux événements et rejoignez des communautés qui partagent vos intérêts et engagez des conversations avec des personnes nouvelles. Soyez ouvert aux rencontres inattendues car **les partenaires de destinée ne se présentent pas toujours sous la forme que vous imaginez.** Posez des questions, écoutez attentivement, et montrez un intérêt sincère pour les autres. N'ayez pas peur de sortir des sentiers battus afin d'explorer des domaines inconnus et vous découvrirez des alliés différents.

3. Cultivez les relations authentiques et significatives

Engagez-vous à construire des relations authentiques et significatives avec un nombre limité de personnes. Soyez vous-même et ne **prétendez pas être la personne que vous n'êtes pas. L'authenticité est la base des relations pérennes.** Exprimez vos pensées de manière honnête et respectueuse. Essayez autant que faire se peut de comprendre les perspectives des autres. Investissez du temps et de l'énergie dans ces relations et autant que faire se peut ; offrez du soutien des encouragements et de l'aide en cas de besoin.

4. Si vous voulez un partenaire de destinée soyez vous-même un partenaire

Incarnez les qualités que l'on recherche chez les autres est une bonne prédisposition pour attirer de bonnes personnes. Soyez un allié, un mentor, un soutien, un partenaire pour ceux qui vous entourent. Soyez généreux et partagez vos ressources autant que cela dépend de vous. En aidant les autres à atteindre leurs objectifs, vous vous ouvrez aux opportunités de croissance et de collaboration mutuelle bénéfiques. N'oubliez pas que les relations fructueuses sont basées sur la réciprocité et le respect mutuel.

5. Faites preuve de patience et de persévérance

La recherche des partenaires de destinée est un processus qui prend beaucoup de temps. Il peut arriver que vous ne trouviez pas de bonnes personnes immédiatement. Continuez de cultiver des relations authentiques et à explorer de nouvelles avenues. La patience et la persévérance sont des qualités requises. Croyez que vous finirez par rencontrer les personnes adéquates qui vous seront d'une utilité capitale sur le chemin de votre destinée.

Les caractéristiques des personnes qui ont la clé de ma destinée

⌑ Les personnes qui ont une connaissance supérieure à la mienne

Les partenaires de destinée ne sont nécessairement les amis mais des personnes qui apparaissent pour une mission précise. Il s'agit des personnes qui savent plus que nous dans notre domaine d'activités. Ce sont des mentors, des pasteurs, des personnes qui ont une expérience qui peut vous aider à débloquer des situations complexes, ouvrir des horizons et définir les perspectives dans votre parcours. Il est donc conseillé d'être sensible à voix de ces personnes qui peuvent apporter des transformations profondes et significatives susceptibles de débloquer des portes fermées. Leurs expériences sont salutaires pour votre éclosion. Moise savait plus que Josué ; Elie savait plus qu'Elisée ; Paul savait plus que Timothée.

¤ Les personnes qui veulent vous soutenir

Dieu a placé auprès de nous des personnes destinées à nous soutenir dans l'accomplissement de notre destinée. Ce soutien peut être d'ordre financier, matériel ou immatériel. Les personnes qui nous soutiennent peuvent avoir une apparence et une identité contraires à ce que nous espérions. Elles peuvent être déguisées au point où si nous ne sommes pas animés d'un esprit de discernement, nous pouvons les rejeter dans l'ignorance. Rahab, la prostituée a sacrifié sa vie pour sauver les espions d'Israël. Jonathan, fils du roi Saul s'est donné totalement pour sauver David de la jalousie de son père.

¤ Les personnes qui ont besoin de votre aide

Dieu utilise souvent les personnes qui ont besoin de notre aide pour noud bénir en retour. J'ai personnellement remarqué que lorsque je m'investis pour soutenir les autres, Il utilise l'aide que je donne comme un moyen efficace pour bénir d'autres personnes. C'est dans cette dynamique que les différents soutiens apportés aux personnes sont devenus la base des ministères auprès des individus. Joseph fut la solution aux besoins de Pharaon. En répondant à ses besoins, il a été élevé comme deuxième personnalité après le Pharaon. Abraham a prié pour les femmes stériles alors qu'il n'avait pas encore d'enfants. Ses prières étaient une véritable semence qui a porté du fruit dans sa propre famille plus tard.

¤ Les personnes qui ouvrent les portes du futur

Les personnes qui ouvrent les portes de notre futur sont des catalyseurs de notre potentiel. Ce sont des personnes visionnaires et des conseillers qui possèdent une capacité unique et particulière pour débloquer notre potentiel. Elles ont la capacité de voir en nous ce que nous ne voyons pas encore. Elles croient en nos rêves même lorsque nous sommes dans le doute et nous offrent des opportunités et les ressources nécessaires pour les réaliser. Elles peuvent être aussi des enseignants, des leaders spirituels, des entrepreneurs ou simplement des personnes qui ont une grande expérience et une sagesse profonde. Elles ont pour mission de nous guider, de nous encourager et de nous ouvrir des portes qui nous mèneront sur le chemin de notre futur. Elles sont des instruments de la grâce divine.

¤ Les personnes qui ont la clé financière de notre destinée

L'argent est important pour notre développement sur le chemin de notre destinée. Les personnes qui ont la clé de notre destinée ne sont pas nécessairement riches mais elles sont dotées de la sagesse financière et d'un grand sens de générosité qui leur permet d'investir dans les rêves des autres. Elles peuvent être des investisseurs, des donateurs, ou des personnes qui ont les moyens de nous apporter des moyens pour nous soutenir financièrement pour démarrer un projet, développer une entreprise ou poursuivre une formation adéquate. Elles ont pour rôle nous donner les moyens de transformer nos idées et projets en réalités, surmonter les obstacles financiers et prospérer dans notre appel.

¤ Les personnes qui ont le pouvoir de faire décoller notre destinée

Les personnes qui ont le pouvoir de faire décoller notre destinée sont des amplificateurs d'influence. Ce sont des personnes qui ont une grande autorité et un vaste réseau de contacts. Elles peuvent être des politiciens, des dirigeants d'entreprises, des artistes ou des leaders d'opinion. Elles sont pour mission de nous donner une plateforme, nous faire connaître, nous ouvrir des portes et nous aider à amplifier notre message. Elles sont des amplificateurs d'influence, des accélérateurs de carrière, des facilitateurs de succès. Elles nous offrent des opportunités de briller, de toucher un grand public pour maximiser notre impact mais ne nous donnent pas tout.

POINTS DE PRIÈRE

1   Abba ! Père ! Montre-moi comment effectuer des introspections pour identifier mes forces et mes faiblesses.

2   Abba ! Père ! Montre-moi comment associer efficacement mes forces et mes faiblesses dans le processus de ma destinée.

3   Abba ! Père ! Montre-moi comment construire des attitudes positives qui attirent les alliés et des partenaires de destinée.

4   Abba ! Père ! Montre-moi comment développer un bon caractère comme préliminaires d'une excellente collaboration avec les partenaires de destinée.

5   Abba ! Père ! Montre-moi comment vivre de manière conviviale même avec des personnes non-aimables et au caractère difficile.

6   Abba ! Père ! Enseigne-moi à bien agir même dans les conditions de travail défavorables dans mon voyage de destinée.

7   Abba ! Père ! Montre-moi comment vivre dans la sainteté dans le processus de mon voyage de destinée.

8   Abba ! Père ! Montre-moi comment faire bon usage de Ton Esprit de discernement dans le processus de mon voyage de destinée

9   Abba ! Père ! Montre-moi comment éviter de vivre en autarcie comme une ile coupée du reste du monde dans le processus de mon voyage de destinée.

10 Abba ! Père ! Montre-moi les atouts d'une vie paisible avec des personnes qui ne veulent que la guerre et qui me font la guerre en permanence.

11 Abba ! Père ! Montre-moi comment discerner les personnes qui ont plus de connaissance que moi dans le domaine de

mon appel et avec qui Tu voudrais que nous travaillions.

12 Abba ! Père ! Montre-moi comment discerner avec exactitude les personnes qui ont besoin de mon aide.

13 Abba ! Père ! Montre-moi comment discerner les personnes qui veulent me soutenir.

14 Abba ! Père ! Montre-moi comment discerner les personnes qui ouvrent la porte du futur dans mon voyage de destinée.

15 Abba ! Père ! Montre-moi comment discerner Ta voix par les expériences de ma vie.

16 Abba ! Père ! Enseigne-moi à discerner Ta voix par un sens plus élevé de dépendance au Saint-Esprit.

17 Abba ! Père ! Enseigne- moi à discerner Ta volonté en alignant ma volonté avec Ta volonté.

18 Abba ! Père ! Enseigne-moi à discerner Ta voix par un esprit de discernement plus poussé.

19 Abba ! Père ! Enseigne-moi à discerner Ta volonté en ce qui concerne les personnes qui ont la clé financière de mon appel.

20 Abba ! Père ! Enseigne-moi à discerner Ta volonté en ce qui concerne les personnes qui ont le pouvoir de faire décoller ma destinée.

APPROPRIATION PERSONNELLE

	Date :
Thème : COMMENT TROUVER LES PARTENAIRES DE DESTINÉE ?	
SUJETS DE PRIÈRE	**RÉPONSES DE DIEU** *(Comment Dieu a-t-il répondu ? Rêve, vision, verset biblique, intuition, parole, enseignement, pensée, paix, image, anges, etc)*
COUPLE	
PAPA	
MAMAN	
ENFANTS — 1	
ENFANTS — 2	
ENFANTS — 3	
ENFANTS — 4	
ENFANTS — 5	
VIE PROFESSIONNELLE	
VIE MINISTERIELLE	
INTERCESSION : Pays, famille, Corps de Christ	

JOUR 34

LES SEPT TYPES DE PERSONNES QUI T'AIDERONT À RÉUSSIR TA DESTINÉE

Nombreux sont ceux qui passent par une crise existentielle et qui manquent la bonne direction au milieu d'une multitude de directions. Ils sont une panoplie de personnes qui tournent en rond sans aucune direction pour leur vie. Ils sont une pléthore d'hommes et de femmes qui travaillent sans issue favorable. Ils sont découragés et animés d'un sentiment d'insatisfaction. Vous conjuguez beaucoup d'efforts cependant vous êtes animé d'un sentiment que vous ne progressez pas. Vous avez probablement réalisé des exploits mais vous voulez donner un sens à votre vie en vain. Vous cherchez désespérément à donner un sens à votre vie. Comprendre et réaliser sa destinée n'est pas toujours la chose la mieux partagée avec toutes les options qui se présentent à vous. Plusieurs personnes perdent des années de leur existence à investir dans ce qui n'est pas réellement leur destinée.

En effet, j'ai parfois eu le sentiment d'être utilisée par des personnes dans les programmes qui ne me concernaient pas vraiment. Je ne sais pas si vous avez eu une expérience pareille ? J'ai été également animée de la pensée d'avoir gaspillé le temps et l'argent pour réaliser des choses qui ne faisaient pas partie intégrante de ma destinée, du plan de Dieu pour ma vie. Avez-vous déjà expérimenté une chose similaire ? J'ai eu l'impression d'être dans des impasses et la contrainte de tout recommencer sur de nouvelles bases. Combien êtes-vous à avoir une expérience pareille ? J'ai souvent eu peur de passer à côté de ma destinée, du plan parfait de Dieu pour ma vie. Il est hautement dangereux de ne pas connaitre sa destinée et de passer à côté du plan de Dieu pour sa vie et achever sa course dans l'angoisse, la dépression, la détresse. La découverte et la réalisation de votre destinée vous permettra de :

- ☐ Savoir comment investir et vous investir vos efforts et vos priorités de manière agréable et plus rentable.
- ☐ Comment investir et vous investir pour fructifier et valoriser vos talents dans une perspective céleste.
- ☐ Comment investir et vous investir pour une excellente gestion qualitative et quantitative de votre temps.
- ☐ Comment investir et vous investir dans la gestion qualitative et quantitative de votre argent et de votre trésor,
- ☐ Comment investir et vous investir dans le choix d'une filière, d'une profession, des orientations précises dans vos études.
- ☐ Comment investir et vous investir dans les domaines où je dois m'affirmer et dans le choix de l'église où je vais adorer Dieu.
- ☐ Comment investir et vous investir dans le choix stratégique du lieu de votre habitation géographique si tant est qu'il y a des bénédictions qui sont attachées à une zone géographique précise.
- ☐ Comment investir et vous investir pour réaliser vos objectifs dans le timing de Dieu pendant que vous êtes encore sur terre.
- ☐ Comment investir et vous investir pour le choix de votre futur conjoint ou de votre future conjointe et comment choisir efficacement les partenaires de la mission.

Après avoir expérimenté des crises de destinée dans ma tendre jeunesse, j'ai effectué plusieurs recherches pour sortir du labyrinthe de la confusion où je me trouvais. J'ai trouvé des réponses simples et extraordinaires que je voudrais partager avec vous. Aujourd'hui, j'étudie encore les questions de destinée et j'enseigne sur les questions de destinée ayant suivi des enseignements sur la question. Depuis environ trois décennies, j'enseigne et j'équipe les hommes et les femmes sur comment entrer dans leur destinée personnelle, conjugale, familiale, familiale et ministérielle. Ma mission consiste à équiper les familles pour qu'elles découvrent et qu'elles réalisent leur destinée. Aussi vrai que découvrir sa destinée est la base de toutes choses dans la vie, investir et s'investir dans la compréhension de sa destinée devient la priorité des priorités. C'est pourquoi je vous invite à vous engager dans ce grand voyage de la destinée.

Dieu a placé sur notre chemin des personnes pour nous soutenir dans le voyage de la réalisation de notre destinée. Quand Marie, la mère de Jésus a salué Elisabeth, la mère de Jean Baptiste, l'enfant a tressailli d'allégresse dans son sein dans **Luc 1 : 44.** Dieu nous met en contact avec sept types de personnes qui collaborateurs qui sont les suivantes :

1. Les ouvreurs de portes de la destinée

Les ouvreurs de porte sont semblables aux portiers de notre destinée. Ils peuvent être nombreux et répartis dans des domaines différents. Ils sont des facilitateurs dans la réalisation de notre destinée. Barnabas fut un ouvreur de porte pour Paul. Il est écrit : **« Barnabas se rendit ensuite à Tarse, pour chercher Saul. » Actes 11 : 25** Il fut une grande bénédiction pour l'éclosion de son ministère et de son affirmation. Qui est ton ouvreur de porte ? Si vous ne le connaissez pas, cherchez-le ou cherchez-la. Donnez- lui l'opportunité de jouer pleinement son rôle dans votre vie. Si vous étiez en discorde pour quelques raisons, réconciliez- vous et avancez dans la trajectoire prévue par Dieu depuis la fondation du monde. Si vous n'avez jamais eu un ouvreur de portes de destinée connu, demandez à Dieu de vous révéler clairement les portiers de votre destinée par la puissance de Sa grâce. Demeurez dans la présence de Dieu par la prière et la Parole jusqu'à ce qu'il vous oriente clairement vers les personnes indiquées.

2. Les catalyseurs de la destinée

Un catalyseur de la destinée est une personne qui vous faire grandir de manière sensible. Vous pouvez avoir des catalyseurs dans plusieurs domaines différents de votre vie. Généralement, le catalyseur est plus expérimentée et plus mature que vous dans un ou plusieurs domaines. Paul a fait grandir Timothée et il est devenu un grand Pasteur. Il est écrit : **« Paul, apôtre de Jésus-Christ, par ordre de Dieu notre Sauveur et de Jésus-Christ notre espérance, à Timothée, mon enfant légitime en la foi… »** . Paul est le père spirituel de Timothée et l l'appelle personnellement son enfant dans la foi. Il s'est investi à le bâtir personnellement. Il lui dira plus loin : **« Et ce que tu as entendu de moi en présence de beaucoup de témoins, confie-le à des hommes fidèles, qui soient capables de l'enseigner aussi à d'autres » 2 Timothée 2 : 2.** Aussi vrai que celui qui fréquente le sage devient sage, abreuvez-vous aux pieds du Maître Jésus-Christ en passant par ceux qui sont appelés dans le monde physique à vous faire grandir.

3. Ceux qui ont une influence positive sur votre vie

Il s'agit des personnes qui parlent à votre vie et qui ont une influence positive sur votre vie. Ils influencent positivement votre vie d'une façon ou d'une autre. Elles vous disent la vérité et non ce que vous voulez entendre. Elles ne vous flattent pas et ne vous parlent pas avec complaisance. Dans le récit suivant, nous avons un bel exemple d'une personne qui impacte positivement la vie d'un autre. Il est écrit : **« l'Eternel envoya Nathan vers David. Et Nathan vint à lui, et lui dit : il y avait dans une ville deux hommes, l'un riche et l'autre pauvre. Le riche avait des brebis et des bœufs en très grand nombre. Le pauvre n'avait rien du tout qu'une brebis, qu'il avait achetée ; il la nourrissait, et elle grandissait chez lui avec ses enfants ; elle mangeait de son pain, buvait dans sa coupe, dormait dans son sein, et il la regardait comme sa fille. Un voyageur arriva chez l'homme** riche. Et le riche n'a pas voulu toucher à sa brebis ou à ses bœufs, pour préparer un repas au voyageur qi était venu chez lui ; il a pris la brebis du pauvre, et il l'a apprêtée pour l'homme qui était venu chez lui. La colère de David s'enflamma violemment contre cet homme, et il dit à Nathan : l'Eternel est vivant ! L'homme qui a fait cela mérite la mort. Et il rendra quatre brebis, pour avoir commis cette action et pour avoir été sans pitié. Et Nathan dit à David : Tu es cet homme-là ! Ainsi parle l'Eternel le DIEU d'Israël : je t'ai oins pour roi d'Israël, et je t'ai délivré de la main de Saul ; je t'ai mis en possession de la maison de ton maître, j'ai placé dans ton sein les femmes de ton maître, et je t'ai donné la maison d'Israèl et de Juda. Et si cela eut été peu, j'aurais encore ajouté. Pourquoi as-tu donc méprisé la Parole de l'Eternel, en faisant ce qui est mal à ses yeux ? Tu as frappé de l'épée Urie, le Héthien ; tu as pris sa femme, et lui, tu as-tué par l'épée des fils d'Ammon. Maintenant, l'épée ne s'éloignera jamais de ta maison, parce que tu m'as méprisé, et parce que tu as pris la femme d'Urie, le Héthien pour en faire ta femme. Ainsi parle l'Eternel : voici, je vais faire sortir de ta maison le malheur contre toi, et je vais prendre sous tes yeux tes propres femmes pour les donner à un autre, qui va coucher avec elles à la vue du soleil. Car tu as agi en secret, et moi, je ferai cela en présence de tout Israèl et à la face du soleil. David dit à Nathan : j'ai péché contre l'Eternel ! Et Nathan dit à David : l'Eternel pardonne ton péché, tu ne mourras point. Mais, parce que tu as fait blasphémer les ennemis de l'Eternel, en commettant cette action, le fils qui t'est né mourra ». 2 Samuel 12 :1- 14. Vous convenez avec moi que Nathan a eu tout le courage pour dénoncer l'adultère du roi et David, malgré sa position de roi s'est humilié pour reconnaitre son péché. Il a même rédigé les psaumes 51 pour matérialiser sa repentance.

4. **Les personnes qui apprécient votre présence et s'attachent à vous !**

Vous avez dans votre écosystème des personnes qui s'attachent particulièrement à vous. Les connaissez-vous ? Les gens ne s'attachent pas à vous de la même façon. Certains développeront une meilleure proximité que les autres. D'ailleurs, quand vous observez l'écosystème des disciples de Jésus, vous remarquez tous n'avaient pas la même proximité auprès du Maître. On peut les classer en plusieurs catégories telles que les silencieux, les peu connus, le traitre, et le cercle intime constitué de Pierre, Jean et Jacques, les trois étant tous présents à la montagne de la transfiguration. Notons que Jean avait en permanence la tête sur la poitrine de Jésus. La Bonne Nouvelle est la suivante : vous êtes aussi proche de Jésus que vous choisissez de l'être. Ceux qui apprécient votre présence sont des personnes qui vous aiment inconditionnellement. Ils veulent vous voir réussir, exceller, réaliser le plan de Dieu pour votre vie. Ce sont des personnes qui vous protègent, qui vous entretiennent et qui peuvent payer le prix de votre éclosion multidimensionnelle. L'amitié de David et Jonathan constitue à cet effet un exemple patent à suivre. Il est écrit : **« David avait achevé de parler à Saul. Et dès lors l'âme de Jonathan fut attachée à l'âme de David, et Jonathan l'aima comme son âme » 1 Samuel 18 : 1.** Qui sont les personnes qui vous apprécient et qui aiment votre présence ? Quelle est votre responsabilité envers elles ?

5. Les personnes vers qui vous devez aller et vous attacher

Remarquez avec moi que les disciples se sont attachés mais Jésus s'est également attaché à eux en retour. C'est un double attachement réciproque et mutuel. C'est l'expression d'un amour inconditionnel à double sens. C'est cette forme d'amour agape qui doit gouverner la vie du couple. Pierre s'est attaché à Jésus et en retour Jésus s'est attaché à lui. Il lui a dit tu es Pierre et sur cette pierre, je bâtirai mon église. L'attachement de Pierre était tellement dense et intense qu'il a été crucifié comme son Maître à la seule différence qu'il a demandé que sa tête soit tournée vers le bas pour marquer la nuance avec Jésus-Christ. Jésus s'est attaché à Jean d'une manière extraordinaire et lui a fait grâce d'être l'auteur des révélations exceptionnelles dans le livre d'Apocalypse. Etes-vous attaché (e) aux personnes qui vous sont attachées ? Ruth avait discerné clairement que Naomi était celle à qui elle devrait s'attacher. C'est sans doute pourquoi elle change son lieu géographique de résidence. Elle découvre le Dieu Tout Puissant, rencontre Boaz et réussit l'exploit d'intégrer la lignée messianique. L'attachement de Ruth à Naomi a complètement métamorphosé sa vie et sa destinée. Il est « écrit : **« Ruth répondit : Ne me presse pas de te laisser, de retourner loin de toi ! Où tu iras j'irai où tu demeureras je demeurerai ; ton peuple sera mon peuple, et ton Dieu sera mon Dieu ; où tu mourras je mourrai, et j'y serai enterrée. Que l'Eternel me traite dans toute sa rigueur, si autre chose que la mort vient à me séparer de toi ! » Ruth 1 : 16-17.**

6. Les amis de destinée

Les amis de destinée sont des hommes et des femmes qu'il ne faut jamais quitter pour quelques raisons que ce soit. Les amis de destinée sont des personnes qui ne viennent pas dans votre vie pour une période temps seulement. Ce sont des personnes qui entrent dans votre vie pour parcourir le voyage de la destinée avec vous. Chaque étape du voyage est d'une importance capitale. Il s'agit des personnes qui sont une source de bénédictions permanentes dans votre parcours. Tout se passe comme si leur présence vous rassure, vous élève, vous enrichit et vous donne plus de courage et de foi pour affronter les différentes formes d'adversités. Il est écrit : **« Lot, qui voyageait avec Abram, avait aussi des brebis, des bœufs et des tentes. Et la contée était insuffisante pour qu'ils demeurassent ensemble, car leur bien était si considérables qu'ils ne pouvaient demeurer ensemble. Il y eut une querelle entre les bergers des troupeaux d'Abram et les bergers de troupeaux de Lot. Les Cananéens et les Phérésiens habitaient alors dans le pays. Abram dit à Lot : Qu'il n'y ait point, je te prie, de dispute entre toi et moi, ni entre tes bergers et mes bergers, car nous sommes frères. Tout le pays n'est-il pas devant toi ? Sépare-toi donc de moi : si tu vas à gauche, j'irai à droite, si tu vas à droite, j'irai à gauche » Genèse 13 : 5-8.** Lot prospérait parce qu'il était connecté à Abram mais il n se rendait même pas compte de cet état des choses. Après leur séparation, il va d'échec en échec. Connaissez-vous les personnes que Dieu utilise pour vous prospérer matériellement et spirituellement ? Discernez-les, valorisez-les. J'ai vu des centaines de personnes bénéficier de la puissance de la grâce divine et des bénédictions qui accompagnent Family Love Movement. A Dieu soit exclusivement la gloire aux siècles des siècles !

7. Les connecteurs de destinée

Les aides de destinée sont des personnes qui ont pour mission principale vous accompagner dans la mission assignée par Dieu. Elles sont dans votre vie pour vous propulser et vous amener à passer à une dimension supérieure. Ce sont des personnes qui n'ont pas besoin qu'on les voit ou qu'on les connaisse. Elles sont derrière vous pour que vous excelliez dans toutes vos entreprises. Il est écrit **« Luc, le médecin bien-aimé, vous salue, ainsi que Démas » Colossiens 4 : 14.** Luc était d'un apport capital dans le ministère de Paul. Il n'était pas vu au premier rang mais il œuvrait pour son expansion et pour son développement. Les connecteurs de destinée peuvent être des personnes dites négatives ou positives dont les actions et les abstentions vous conduisent vers votre destinée. Dans cette perspective, les frères de Joseph qui l'ont vendu, Potiphar, la prison constituent des connecteurs de destinés pour Joseph. **Quand nous sommes dans la bonne trajectoire tracée par Dieu, le Père, même les difficultés rencontrées deviennent des engrais pour fertiliser la réalisation de Ses desseins pour nos vies.** Les malédictions sont changées en bénédictions dans perspective de la gloire de Dieu. Nous voyons que, lorsqu'un homme est dans la volonté parfaite de Dieu, Il bénéficie d'une protection extraordinaire.

En somme, nous ne pouvons réussir à réaliser la destinée en étant seuls et isolés. Que le Tout Puissant nous accompagne dans ce processus fort délicat et que l'esprit de discernement soit notre partage au nom puissant de Jésus !

POINTS DE PRIÈRE

1   Abba ! Père ! Montre-moi les portiers de ma destinée.

2   Abba ! Père ! Montre-moi comment les entretenir.

3   Abba ! Père! Montre-moi comment les reconnaître dans différents domaines de ma vie.

4   Abba ! Père ! Montre-moi comment discerner les catalyseurs de ma destinée.

5   Abba ! Père ! Montre-moi comment les reconnaître dans différents domaines de mon appel.

6   Abba ! Père ! Enseigne-moi à leur accorder de la valeur à la hauteur de ce que Tu veux.

7   Abba ! Père ! Montre-moi comment extirper toute la ressource en moi pour Te servir.

8   Abba ! Père ! Montre-moi ceux qui ont une influence positive sur ma vie.

9   Abba ! Père ! Montre-moi ceux qui ont une influence négative sur ma destinée.

10 Abba ! Père ! Montre-moi ceux qui ont pour mission de contribuer à la réalisation de ma destinée.

11 Abba ! Père ! Montre-moi les personnes qui aiment ma présence et qui s'attachent à moi.

12 Abba ! Père ! Montre-moi comment prendre soin des personnes qui s'attachent à moi.

13 Abba ! Père ! Montre-moi comment bénéficier de leur présence sur le chemin de ma destinée.

14 Abba ! Père ! Montre-moi comment construire d'excellentes relations avec les personnes qui aiment ma présence.

15 Abba ! Père ! Montre-moi comment aller vers des personnes spécifiques préparées par Dieu.

16 Abba ! Père ! Enseigne-moi à construire de bonnes relations

avec des personnes à qui je dois m'attacher.

17 Abba ! Père ! Enseigne- moi à construire de bonnes relations durables avec les amis de destinée.

18 Abba ! Père ! Enseigne-moi à vivre avec eux de manière conviviale.

19 Abba ! Père ! Enseigne-moi comment trouver les connecteurs de destinée.

20 Abba ! Père ! Enseigne-moi à construire des relations durables avec les connecteurs de destinée.

APPROPRIATION PERSONNELLE

	Date :
Thème : LES SEPT TYPES DE PERSONNES QUI T'AIDERONT À RÉUSSIR TA DESTINÉE	
SUJETS DE PRIÈRE	**RÉPONSES DE DIEU** *(Comment Dieu a-t-il répondu ? Rêve, vision, verset biblique, intuition, parole, enseignement, pensée, paix, image, anges, etc)*
COUPLE	
PAPA	
MAMAN	
ENFANTS 1	
2	
3	
4	
5	
VIE PROFESSIONNELLE	
VIE MINISTERIELLE	
INTERCESSION : Pays, famille, Corps de Christ	

JOUR 35

LES 10 ACCÉLÉRATEURS DE VOTRE DESTINÉE

La marche avec Dieu n'est pas une simple randonnée monotone et harassante mais un grand voyage ponctué d'accélérations. Nous soupirons tous voir le plan de Dieu se réaliser dans nos vies mais le chemin est souvent parsemé de pierre rocailleuses. Heureusement la Bible nous révèle des clefs ou mieux des accélérateurs puissants qui peuvent propulser notre destinée vers son accomplissement. Ces principes ne sont pas des formules magiques mais des actions et des attitudes intentionnelles qui ouvrent la voie à la faveur et à grâce divines. Nous allons explorer dix des accélérateurs essentiels en nous inspirant des Saintes Écritures et des exemples inspirants de des figures bibliques. Vous découvrirez comment l'obéissance, la foi, la prière, et d'autres principes peuvent vous propulser vers la réalisation de votre destinée dans la mesure où Dieu veut non seulement que nous réalisions Son plan mais aussi que nous le fassions avec joie, efficacité et puissance.

1. L'obéissance totale et sacrificielle

L'obéissance à Dieu et à Sa Parole constitue le tout premier et le plus fondamental accélérateur de notre destinée. Elle démontre notre confiance en Dieu et notre volonté de suivre Ses instructions quand bien même elles sont contraires à notre plan. Lorsque nous choisissons d'obéir, nous ouvrons la porte aux bénédictions et aux grâces divines. L'obéissance totale est capitale et salutaire car nous avons tendance à développer l'obéissance partielle sans effort. L'obéissance n'est pas une simple conformité extérieure mais un engagement, un choix, une décision à suivre le chemin que Dieu a tracé pour nous. Elle implique le renoncement à notre volonté personnelle pour nous soumettre à celle de Dieu sachant qu'il a de meilleurs plans pour nous. Il est écrit : **« Samuel dit : l'Eternel trouve-t-il du plaisir dans les holocaustes et les sacrifices, comme dans l'obéissance à la voix de l'Eternel ? Voici, l'obéissance vaut mieux que la graisse des béliers. » 1 Samuel 15 : 22** Abraham, en offrant son unique fils Isaac nous démontre un exemple d'une obéissance radicale qui ouvrira des portes aux résultats extraordinaires. La grandeur de nos réalisations est fonction de la grandeur du sacrifice que nous payons. Il est également écrit : **« si vous avez la bonne volonté et si vous êtes dociles, vous mangerez les meilleures productions du pays. » Ésaïe 1 : 19**

2. La foi persévérante

La foi est la clé par excellence qui déverrouille toutes les portes et les ressources illimitées de Dieu. Elle nous permet d'aller au-delà des circonstances et des événements pour saisir les impossibilités et les promesses divines. Elle n'est pas une simple croyance intellectuelle mais une confiance active et dynamique qui se manifeste par nos paroles et nos actions. Elle implique la prise des risques et la sortie des zones de confort pour nous appuyer sur la puissance de Dieu. Elle est audacieuse en ce sens que croire, c'est posséder. Très souvent, nous attendons que toutes les conditions soient favorables, que nous ayons suffisamment d'argent et une panoplie de signes pour avoir la conviction de commencer. Pierre a marché sur les eaux par la foi. Abraham a activé sa foi en choisissant de quitter la maison de son père par la foi et par obéissance. Il est écrit : **« Or, sans la foi il est impossible de lui être agréable ; car il faut que celui qui s'approche de Dieu croie que Dieu existe et qu'Il est le rémunérateur de ceux qui le cherchent. » Hébreux 11 : 6** Josué et Caleb dans **Nombres 13** et 14 ont démontré une foi audacieuse en croyant que Dieu leur donnera la Terre promise malgré le doute et la peur semée par les autres espions.

3. La prière fervente du juste

La prière est le moteur de l'accélération quand notre volonté propre est alignée avec le plan de Dieu. C'est un excellent plan par lequel nous communiquons et nous communions avec Dieu pour découvrir Sa sagesse, Sa direction, Sa puissance. Elle nous permet de nous connecter à Son cœur pour L'adorer, Lui dire merci, Lui confier nos préoccupations et recevoir Sa puissance qui surpasse toute intelligence. La prière n'est pas une simple récitation de formules mais une vie de dialogue et de communion profonde avec le Père céleste. C'est écouter la voix de Dieu en demeurant dans sa présence et en expérimentant le pouvoir transformationnel de son amour. Il est écrit : « **la prière fervente du juste est d'une grande efficacité** » **Jacques 5: 16** Anne a prié dans 1 Samuel 1 et Dieu lui a donné Samuel, un prophète qui a marqué positivement l'histoire d'Israël.

4. Le service sacrificiel

L'un des objectifs éternels que nous devons réaliser sur la terre est de servir comme Christ a servi de manière sacrificielle. Le service est un acte d'amour qui reflète le cœur de Dieu en nous. Lorsque nous nous investissons à aider des personnes qui sont dans le besoin, nous semons des grains de générosité qui porteront sans doute des fruits abondants dans nos propres vies. **Derrière chaque grand succès se cache un grand sacrifice, un grand prix qui a été payé.** Même sans enfants, Abraham a prié pour les femmes stériles et il a été visité en retour. Le service nécessite que nous investissions notre temps, notre talent et nos ressources pour le bien-être des autres sans rien attendre en retour. Il est écrit : **« C'est ainsi que e Fils de l'homme est venu, non pour être servi, mais pour servir et donner sa vie comme la rançon de plusieurs. » Matthieu 20 : 28** Dorcas était une femme remplie de bonnes œuvres et d'actes de bienfaisance **(Actes 9 : 36- 42)** dont la mort a provoqué une grande tristesse dans toute la communauté. Dieu l'a ressuscité en démontrant ainsi la puissance de Dieu qui se manifeste à travers le service.

5. La générosité abondante

La générosité est un état d'esprit qui reconnaît que tout ce que nous avons vient de Dieu, le propriétaire par excellence et que nous sommes des gestionnaires de ses biens. Lorsque nous donnons avec joie et libéralité, nous démontrons que nous faisons confiance à Dieu et cette bonne disposition de cœur ouvre les portes de l'abondance. La générosité ne signifie pas que nous sommes matériellement riches mais c'est une attitude de cœur qui démontre notre élan de cœur à donner comme le Père a donné son unique fils pour le salut de l'humanité. Il est écrit : **« L'âme charitable sera rassasiée, et celui qui arrose sera arrosé » Proverbes 11 : 25.** La veuve de Sarepta dans **1 Rois 17 : 8-16** a donné son dernier repas à Elie, et Dieu a miraculeusement pourvu à ses besoins pendant toute la durée de la famine.

6. La sagesse divine

La sagesse divine est la capacité de discerner la volonté de Dieu, de prendre des décisions éclairées, et d'appliquer les principes bibliques dans les situations de notre vie. Elle nous permet d'éviter les erreurs, de perdre moins de temps, de faire le bon investissement, à avoir la pensée de Dieu en toutes choses, nous guide vers le succès et une vie plus épanouie. Elle est une compréhension spirituelle qui vient de Dieu et non une simple sagesse humaine et intellectuelle. Il est écrit : **« Voici, le commencement de la sagesse acquiers la sagesse, et avec tout ce que tu possèdes, acquiers l'intelligence. » Proverbes 4 :7** Salomon a demandé un cœur intelligent pour diriger son peuple et Dieu lui a accordé non seulement la sagesse mais aussi la richesse et la gloire. Je prie que la sagesse divine nous accompagne dans chaque carrefour de notre destinée afin que nous opérions d'excellents choix qui nous maintiennent dans la bonne trajectoire qui honore Dieu.

7. La puissance de la louange

Il est écrit : « **entrez dans ses portes avec des louanges, dans ses parvis avec des cantiques !** ». La louange est un puissant outil d'accélération de nos destinées car la louange fraie un chemin. Elle ouvre la voie où il n'y avait pas d'issue favorable. Elle attire la présence de Dieu car Il siège au milieu de la louange de Son peuple. La louange change l'atmosphère de notre vie et fait tomber les forteresses spirituelles. Les murs de Jéricho ne sont-ils pas tombés à l'issue des cris de louange du peuple d'Israël ? Elle change l'atmosphère spirituelle de nos vies et remplit l'atmosphère de la puissance et de la gloire de Dieu. Dieu, qui siège au milieu de la louange de Son peuple a manifesté Sa puissance en délivrant Paul et Silas de la prison pendant qu'ils Le louaient au creuset de la prison. De plus, plusieurs vies ont été transformées après leur délivrance. Je confesse que tout ce qui bloquait nos destinées tombe au moment où nous entrons dans une saison de louange permanente au nom pissant de Jésus !

8. Le pouvoir surnaturel des connexions

Dieu a préparé des personnes qui sont des facilitateurs dans le processus dynamique et actif de la réalisation de nos destinées. La découverte et la valorisation de ces personnes est une grande source de bénédictions pour l'éclosion de nos destinées. Jésus-Christ qui est Dieu n'a pas travaillé seul mais en équipe. Il a mis sur pied une équipe avec laquelle il abattu un travail extraordinaire. Cette équipe était constituée de ses douze qu'il a choisis après une nuit de prière. Son équipe était dynamique et complète. Le soutien que recevait Jésus était multiforme. Il est écrit : « **Jeanne, femme de Chuza, intendant d'Hérode, Suzanne, et plusieurs autres, qui l'assistaient de leurs biens.** » Luc 8 : 3. Ne travaillez pas de manière isolée sur le chemin et dans le voyage de votre destinée. Les personnes choisies par Dieu sont disponibles et disposées pour vous apporter ce dont vous avez besoin.

9. Le secret du discipolat reproducteur

La puissance du discipolat est d'une portée incommensurable dans le processus de notre voyage missionnaire. Le discipolat est le processus qui consiste à faire des disciples. Un disciple est un élève qui suit la doctrine d'un maître. Il est tellement important que Dieu lui-même a dit : **« allez, faites de toutes les nations des disciples ».** Le discipolat est exactement ce qu'il faut faire quand vous ne savez pas à quel saint vous vouer dans le processus dynamique de notre destinée. Quand vous commencez à partager votre foi, Dieu vous montrera sans doute les personnes à affermir, à édifier, à bâtir, à former et à envoyer dans le grand champ de mission. Dieu utilise les personnes en mouvement. J'ai personnellement remarqué que toutes les fois où je suis sur le chemin de discipolat, je reçois plus facilement les directives et les orientations de Dieu vers ce qu'il veut que je réalise. Je vous encourage à vous investir pleinement dans le discipolat reproducteur sur au moins quatre générations de disciples formés pour la gloire exclusive de notre Sauveur et Seigneur Jésus-Christ. Soyez des disciples et faites des disciples car l'être précède le faire en commençant par votre propre maison au nom du discipolat reproducteur familial.

10. La persévérance

La persévérance est un excellent carburant des accélérateurs de destinée. Elle est la capacité inébranlable à poursuivre le chemin de da destinée malgré les obstacles, les revers et les découragements. Elle constitue une véritable détermination à transformer vos défis en opportunités et les échecs en leçons de vie. Sans la persévérance, les accélérateurs les plus puissants demeurent inertes. Elle est l'"expression concrète de notre foi palpable en la promesse de Dieu et en notre capacité de réaliser Son plan parfait pour notre vie. Elle nous permet de traverser les tempêtes, de gravir les montagnes les plus élevées et de franchir des frontières qui nous séparent de notre destinée. Elle est l'expression concrète de notre assurance selon laquelle Dieu nous récompensera au-delà de nos espérances. La persévérance est un moteur indispensable pour activer et maintenir les accélérateurs de notre destinée en transformant nos potentiels en réalités concrètes, tangibles et palpables ;

L'obéissance sacrificielle, la foi persévérante, la prière fervente du juste, le service sacrificiel, la générosité abondante, la sagesse divine, le pouvoir surnaturel des connexions, le secret du discipolat reproducteur et la persévérance sont des valeurs à développer dans le processus de notre voyage avec Dieu dans la trajectoire de notre destinée.

POINTS DE PRIÈRE

1 Abba ! Père ! Montre-moi les accélérateurs de ma destinée.

2 Abba ! Père ! Montre-moi comment accélérer ma destinée par une obéissance sacrificielle.

3 Abba ! Père ! Montre-moi comment accélérer ma destinée par une dépendance totale au Saint-Esprit.

4 Abba ! Père ! Montre-moi comment accélérer ma destinée par la prière fervente.

5 Abba ! Père ! Montre-moi comment accélérer ma destinée avec une foi persévérante.

6 Abba ! Père ! Enseigne-moi à accélérer ma destinée par des luttes permanentes.

7 Abba ! Père ! Montre-moi comment accélérer ma destinée par une foi inébranlable.

8 Abba ! Père ! Montre-moi comment accélérer ma destinée par le service sacrificiel.

9 Abba ! Père ! Montre-moi comment accélérer ma destinée par le service permanent.

10 Abba ! Père ! Montre-moi comment accélérer ma destinée par un sens élevé de l'abnégation.

11 Abba ! Père ! Montre-moi comment accélérer ma destinée par le biais de ma générosité agissante.

12 Abba ! Père ! Montre-moi comment accélérer ma destinée par les dons permanents à ceux qui sont dans le besoin.

13 Abba ! Père ! Montre-moi comment accélérer ma destinée par la sagesse divine.

14 Abba ! Père ! Montre-moi comment accélérer ma destinée par un esprit de discernement.

15 Abba ! Père ! Montre-moi comment accélérer ma destinée par des connexions diverses.

16 Abba ! Père ! Enseigne-moi à accélérer ma destinée par des

amis de destinée par la puissance de la louange.

17 Abba ! Père ! Enseigne- moi à accélérer ma destinée par la puissance du discipolat reproducteur sur au moins quatre générations.

18 Abba ! Père ! Enseigne-moi à accélérer ma destinée par le biais du discipolat reproducteur sur au moins quatre générations.

19 Abba ! Père ! Enseigne-moi comment accélérer ma destinée par la patience.

20 Abba ! Père ! Enseigne-moi à comment accélérer ma destinée   par   la   persévérance.

APPROPRIATION PERSONNELLE

	Date :
Thème : LES 10 ACCÉLÉRATEURS DE VOTRE DESTINÉE	
SUJETS DE PRIÈRE	**RÉPONSES DE DIEU** *(Comment Dieu a-t-il répondu ? Rêve, vision, verset biblique, intuition, parole, enseignement, pensée, paix, image, anges, etc)*
COUPLE	
PAPA	
MAMAN	
ENFANTS 1	
2	
3	
4	
5	
VIE PROFESSIONNELLE	
VIE MINISTERIELLE	
INTERCESSION : Pays, famille, Corps de Christ	

JOUR 36

QUI SONT LES 10 ASSASSINS DE TA DESTINÉE ?

La destinée est le plan de Dieu, le potentiel divin que Dieu a insufflé en chacun de nous, et le chemin tracé pour que nous le réalisions. Cependant ce chemin est souvent parsemé d'embûches. Certains comportements, agissements et attitudes sont perçus comme des tueurs de destinée qui sont susceptibles de nous éloigner de note destinée. Reconnaitre ces tueurs de destinée est essentiel pour les combattre et vivre une vie alignée avec la volonté parfaite de Dieu.

1. La peur

La peur est un véritable poison qui paralyse votre destinée. La peur sur toutes ses formes (la peur de la peur, la peur de l'avenir, la peur du rejet, la peur de l'inconnu), est un puissant tueur de destinée. Elle nous paralyse et nous empêche d'oser, de prendre des risques et sortir de notre zone de confort pour répondre à l'appel de Dieu. Le serviteur paresseux de **Matthieu 25 : 14- 30** ayant reçu un talent, l'a caché de peur de le perdre et d'affronter la colère de son Maître. Sa peur l'a empêché de faire bon usage de son potentiel et l'a conduit à l'inaction et la condamnation.

2. Le doute

Lorsque le doute s'installe sans être combattu, il érode notre foi et notre confiance en Dieu. Il nous amène à remettre en question

Ses promesses, Ses capacités, et Son amour inconditionnel. Il est un obstacle qui ne nous permet pas d'avancer et de croire que Dieu peut accomplir de grandes choses au travers de nous. Dans **Jean 20 : 24-27,** Thomas a refusé de croire à la résurrection de Jésus tant qu'il ne l'aurait pas vu et touché de ses propres mains. Son doute l'a littéralement privé de joie liée à la résurrection et la communion avec les autres disciples.

3. L'orgueil

L'orgueil est l'illusion d'un sentiment de suffisance et d'autosuffisance. C'est une illusion qui nous faire croire que nous sommes autosuffisants et que nous n'avons pas besoin des autres y compris Dieu. Il nous rend arrogants, inflexibles, imperméables, aux conseils et à la correction et aux changements. Il nous aveugle sur nos propres faiblesses et nous empêche d'apprendre, de grandir et de croitre dans la pleine ressemblance à Christ. Le roi Nebucadnetsar dans Daniel 4, s'est enorgueilli de sa puissance et de sa grandeur attribuant ses succès à ses efforts personnels et Dieu l'a humilié en le privant de sa raison jusqu'à ce qu'il se reconnaisse sa souveraineté.

4. L'amertume

L'amertume est une véritable prison de ressentiment et de la rancune. Elle nous enferme et nous emprisonne dans le passé et nous empêche de pardonner et de guérir. Elle nous prive également de la joie et de la liberté. Elle détruit nos relations et nous empêche de vivre pleinement nos vies. Le fils aîné de la parabole du fils prodigue était amer et jaloux de l'accueil réservé à son frère repentant. Son amertume l'a empêché de se réjouir du retour de son frère et de l'amour de son père **(Luc 15 : 11- 32)**.

5. La complaisance

La complaisance est un ennemi dangereux du progrès. C'est la satisfaction de soi, le contentement avec le statu quo. Elle ne nous permet pas de nous remettre en question dans l'optique de grandir et poursuivre notre croissance spirituelle. Elle nous rend paresseux et nous pousse à gaspiller notre potentiel. Le riche insensé de **Luc**

12 : 16-21 a amassé une grande richesse mais il s'est complu dans l'amour à outrance pour les choses matérielles oubliant ainsi Dieu et sa vocation. Il est qualifié d'insensé parce qu'il n'a pas su investir ans les choses spirituelles.

6. Essayer de faire l'unanimité

Il est question d'essayer de plaire à tout le monde. Il est impossible de plaire à tout car Jésus qui est Dieu n'a pas fait l'unanimité. J'ai remarqué que le christianisme authentique ne saurait satisfaire le cœur de tout le monde. Même Dieu qui est par nature amour est sélectif et il dira qu'il a aimé Jacob et Il a haïr Esaü. Ne perdez pas votre identité en essayant de vivre pour les gens de peur des critiques et des oppositions. Si vous cherchez à plaire aux hommes, les membres de votre famille, les amis, les collaborateurs de mission, etc, vous passerez à coup sûr à coté de votre destinée.

7. Un esprit fermé

Un esprit étroit est un esprit fermé et borné qui ne voit que les limites dans les entreprises. Il est animé d'un complexe d'infériorité. Il a toujours le temps et les ressources limités. Il voit le problème et non la solution. Il a du mal à initier des choses nouvelles ; à sortir de sa zone de confort ; à s'adapter aux nouvelles opportunités. Il ne veut prendre aucun risque et il veut voir la fin et les résultats avant d'effectuer un pas supplémentaire. Les espions envoyés par Moise, en dehors de Josué et Caleb, voyaient la défaite partout.

8. L'influence du passé

Le passé peut avoir une influence dangereuse sur notre futur. Un passé rempli d'expériences douloureuses peut engendrer des conséquences désastreuses sur nos projets. Les regrets du passé peuvent nous déstabiliser sur le chemin de notre destinée. C'est pourquoi nous ne devons pas permettre à notre passé de gouverner notre avenir. Notre passé qu'il soit heureux ou douloureux doit cesser d'être pour nous une prison de nos potentiels. Affrontons notre passé avec une pensée positive, pour tirer des leçons des expériences douloureuses et de nouvelles perspectives avec les expériences heureuses.

9. La procrastination

La procrastination est un état d'esprit qui consiste à remettre à demain ce que nous pouvons réaliser aujourd'hui. Elle vous donne l'impression que vous êtes jeune et que vous avez toute la vie devant vous. Quand Dieu a appelé Jérémie, il donné comme raison pour ne pas répondre à l'appel son jeune âge. Il a dit qu'il n'était qu'un enfant, un adolescent comme si l'appel avait un âge spécifique. Dans tous les cas, nous n'aurons jamais assez de ressources, de temps et d'argent pour commencer. Nous devons commencer avec ce que nous avons comme ressources matérielles et immatérielles.

10. Le perfectionnisme à outrance

J'ai souffert du perfectionnisme à outrance avant la publication de mon tout premier livre intitulé famille d'impact. Le contenu était prêt mais j'ai beaucoup pris de temps pour corriger la forme au point où j'ai reçu des injonctions de Dieu pour le publier. Je lisais et je relisais le livre et j'avais toujours à redire et à améliorer. Si nous recherchons la perfection à tout prix et à tous les prix, il est fort possible que ne réalisions pas totalement ce que Dieu a prévu pour nous. Sans toutefois être médiocre, nous devons avancer avec la force que nous avons. Dans certains domaines, nous serons parfaitement bons, dans d'autres, nous serons parfaitement très bons et dans d'autres encore, nous serons parfaitement excellents.

Les dix tueurs de destinées ne sont pas une fatalité. Si nous les identifions et si nous les combattons avec l'aide de Dieu, nous pouvons protéger notre destinée et vivre une vie pleine de sens et d'accomplissement. Que le Tout Puissant nous donne la force et le courage de vaincre ces obstacles afin de marcher fidèlement sur le chemin qu'Il a tracé pour chacun de nous.

POINTS DE PRIÈRE

1   Abba ! Père ! Libère-moi de toutes peurs qui paralysent ma destinée.

2   Abba ! Père ! Montre-moi comment dominer efficacement la peur.

3   Abba ! Père ! Montre-moi comment vaincre le doute qui me fait reculer dans le processus de ma destinée.

4   Abba ! Père ! Montre-moi comment marcher par la foi et non par la vue.

5   Abba ! Père ! Montre-moi comment vivre dans l'humilité dans le processus de la destinée.

6   Abba ! Père ! Enseigne-moi à fuir l'orgueil dans toutes ses formes.

7   Abba ! Père ! Montre-moi comment fuir l'arrogance et la suffisance.

8   Abba ! Père ! Montre-moi comment éviter l'amertume dans le processus de mon voyage de destinée.

9   Abba ! Père ! Montre-moi comment vaincre l'amertume qui est déjà en moi dans le processus de mon voyage de destinée.

10 Abba ! Père ! Montre-moi comment éviter la complaisance dans le processus de ma destinée.

11 Abba ! Père ! Montre-moi comment éviter de chercher l'approbation des autres à tout prix et à tous les prix dans l'exercice de mon appel.

12 Abba ! Père ! Montre-moi comment éviter de faire l'unanimité dans le voyage de destinée.

13 Abba ! Père ! Montre-moi comment Te donner la priorité en toutes choses dans le voyage de ma destinée.

14 Abba ! Père ! Montre-moi comment Te consulter en permanence dans mon voyage de destinée.

15 Abba ! Père ! Montre-moi comment discerner Ta voix et comment refuser de rechercher l'approbation des hommes.

16 Abba ! Père ! Enseigne-moi à ne pas avoir un esprit fermé et borné dans mon voyage de destinée.

17 Abba ! Père ! Enseigne- moi à me défaire de toutes expériences du passé qui pourrait m'empêcher de vivre pleinement ma destinée.

18 Abba ! Père ! Enseigne-moi à être et demeurer dans Ton timing dans le champ de mission.

19 Abba ! Père ! Enseigne-moi à éviter la procrastination dans toutes ses ramifications.

20 Abba ! Père ! Enseigne-moi à éviter le perfectionnisme à outrance pour faire décoller ma destinée.

APPROPRIATION PERSONNELLE

	Date :
Thème : QUI SONT LES 10 ASSASSINS DE TA DESTINÉE ?	
SUJETS DE PRIÈRE	**RÉPONSES DE DIEU** *(Comment Dieu a-t-il répondu ? Rêve, vision, verset biblique, intuition, parole, enseignement, pensée, paix, image, anges, etc)*
COUPLE	
PAPA	
MAMAN	
ENFANTS 1	
2	
3	
4	
5	
VIE PROFESSIONNELLE	
VIE MINISTERIELLE	
INTERCESSION : Pays, famille, Corps de Christ	

LES 05 VICTOIRES À REMPORTER POUR DÉVERROUILLER VOTRE DESTINÉE

La marche vers la destinée est un parcours parsemé d'obstacles et d'opportunités divines. Dieu a un plan unique et spécial pour chacun de nous, une destinée qu'il aspire voir se réaliser pleinement. Cependant, le chemin vers cette réalisation est complexe. Des défis se dressent, des voix dissonantes se font entendre et le doute peut nous assaillir. C'est dans ces moments cruciaux qu'il est essentiel de remporter des victoires fondamentales illustrées par les récits du livre de Nombres. Ces victoires ne sont pas des événements statiques et ponctuels mais des combats permanents qui nécessitent la foi, la confiance, la persévérance et une confiance inébranlable aux promesses de Dieu. Elles transforment notre perspective, renforcent notre détermination et nous permettent de marcher avec assurance vers l'accomplissement de notre appel.

1. **Cultiver une vision spécifique en voyant les opportunités là où les autres voient les obstacles.**

Tous ne partagent pas la même vision que vous. L'histoire des espions envoyés à Canaan est une illustration très expressive. Il est écrit : « l'Eternel parla à Moise, et dit : Envoie des hommes pour explorer le pays de Canaan, que je donne aux enfants d'Israël » Nombres 13 : 1-2. Alors que Dieu avaient promis le pays, la majorité des espions se focalisèrent sur les obstacles, les géants et les villes fortifiées. Josué et Caleb virent, par contre, une grande opportunité de conquête. Cette vision exige la culture d'une intimité profonde avec Dieu, une perspective inspirée par la foi et non la peur. Elle implique la connexion à la source divine, un excellent esprit de discernement et le refus de laisser la vision du monde obscurcir la clarté de la promesse de Dieu. Tout comme Abraham qui regarda les étoiles et crut en la promesse d'une descendance innombrable dans **Genèse 15 :5**, nous devons voir les opportunités divines même quand elles semblent impossibles aux yeux des hommes et du monde. L'inventeur **Thomas Edison,** après d'innombrables échecs persévéra au point d'inventer l'ampoule électrique car il avait une vision spécifique qui n'était pas nécessairement partagée par les autres.

2. Reconnaitre le potentiel dans les défis qui consiste à voir les fruits où les autres voient les difficultés

Il est écrit : « **nous sommes arrivés dans le pays où tu nous as envoyés. A la vérité, c'est un pays où coulent le lait et le miel, et voici ses fruits ». Nombres 13 : 27.** Même les espions pessimistes reconnurent la fertilité du pays. Pourtant, ils choisirent de se concentrer sur les obstacles. La deuxième victoire consiste à reconnaitre les fruits dans les moments de contre saison. C'est dans ce type de situations que les difficultés se transforment en opportunités. Cette démarche demande la main de Dieu et le développement du bon caractère. L'histoire de Joseph est une illustration patente Dans **Genèse 37-50.** Vendu comme esclave et emprisonné injustement, il finit par devenir la seconde personnalité la plus puissante d'Egypte, sauvant son peule de la famine. Il a su voir le fruit qui était la possibilité de sauver des vies où d'autres ne verraient que l'amertume et la désolation.

3. Résister à la pression de la majorité et ne jamais laisser cette majorité vous décourager

Il est écrit : « **Tous les enfants d'Israël murmurèrent contre Moise et Aaron, et toute l'assemblée leur dit : Que ne sommes-nous morts dans le pays d'Egypte, ou que ne** sommes-nous morts dans ce désert ! Pourquoi l'Eternel nous fait-il aller dans ce pays, où nous tomberons par l'épée, où nos femmes et nos petits-enfants deviendront une proie ? Ne vaut-il pas mieux pour nous de retourner en Egypte ? Et ils se dirent l'un à l'autre : Nommons un chef, et retournons en Egypte. » **Nombres 14 : 2-4**. La majorité n'a pas toujours raison. Ce n'est pas parce que tout le monde avance dans une direction que la direction devient la meilleure. Après le rapport alarmiste des espions, le peuple d'Israël se rebella contre Moïse. Josué et Caleb durent résister à la pression de la majorité pour défendre la vérité de Dieu. Cette troisième victoire consiste à refuser de se laisser décourager par la négativité ambiante, et à tenir ferme dans la foi quand on est seul contre tous. Pensons à Noé qui persévéra à construire l'arche malgré les moqueries et le scepticisme de son époque dans **Genèse 6-9**. Il choisit d'obéir à la voix de Dieu plutôt que de se conformer à l'opinion publique. N'abandonnez jamais votre combat pour la justice car une seule personne peut changer le cours de l'histoire comme Nelson Mandela l'a fait en Afrique du Sud sans être chrétien. Avec la puissance du Saint-Esprit, il est possible de résister à la pression de la majorité comme les apôtres qui ont choisi d'obéir à Dieu et non aux hommes.

4. Avancer même quand on est seul

Très souvent, on peut se sentir seul, incompris, abandonné dans le cheminement de la destinée. Josué et Caleb se retrouvèrent isolés après avoir défendu la conquête de Canaan dans **Nombres 4 : 6**. Cette quatrième victoire consiste à avancer même quand on est seul en puisant sa force dans la présence de Dieu et la certitude de son appel. Elie, après la victoire contre les dieux de Baal se sentit seul et découragé selon **1 Rois 19**. Dieu lui rappela qu'il n'était pas seul et qu'il restait sept mille hommes qui ne s'étaient pas prosternés devant Baal. Même si nous ne voyons pas ceux qui nous soutiennent, même si nous ne sommes pas soutenus par les hommes, Dieu est toujours présent dans nos combats et Il nous donne la force pour tenir debout. Des figures historiques comme Rosa Park, en refusant de céder sa place dans un bus, ont initié des mouvements de changement social démontrant ainsi qu'un seul individu courageux peut avoir un impact extraordinaire sur le monde.

5. Ancrer sa foi dans la Parole de Dieu en croyant quand tout s'écroule

Quand les espions répandirent la peur, Dieu promit que seuls Josué et Caleb entreraient dans le pays promis. Il est écrit : **« Vous n'entrerez pas dans le pays que j'avais juré de vous faire habiter, excepté Caleb, fils de Jephunné et Calab, fils de Nun. » Nombres 14 : 30.** Cette promesse devint leur ancre au milieu du chaos et du doute. La cinquième victoire consiste à s'appuyer sur les promesses de Dieu même quand tout s'effondre au travers d'une foi inébranlable et la fidélité en la Parole de Dieu. David, poursuivi par Saul, constamment menacé de mort, s'accrocha aux promesses de Dieu sachant qu'il deviendra roi, **1 Samuel 19.** Sa foi lui permit de surmonter des obstacles et d'accomplir sa destinée. De nombreuses personnes qui survivent à l'issue des traumatismes extrêmes témoignent souvent l'importance de la foi et de l'espérance comme socles qui permettent de retrouver la force de vivre.

Remporter ces cinq victoires ne constitue pas une garantie d'une vie sans difficultés mais c'est une assurance de vivre une vie alignée avec la volonté de Dieu, riche de sens et d'accomplissement. Cultiver une vision spécifique, reconnaitre le potentiel dans les défis, résister à la pression de la majorité, persévérer dans la solitude et ancrer sa foi dans les promesses de Dieu sont les clés pour déverrouiller votre destinée. Que les illustrations bibliques et des exemples énumérés ci-dessus vous encouragent à vous connecter à la Parole de Dieu pour vivre pleinement votre vie. En remportant ces victoires, vous deviendrez des instruments puissants entre les mains de Dieu, capables de transformer le monde qui vous entoure et vous laisserez des empruntes indélébiles.

POINTS DE PRIÈRE

1   Abba ! Père ! Montre-moi comment prendre soin de mon appel.

2   Abba ! Père ! Montre-moi comment devenir un intendant fidèle.

3   Abba ! Père ! Montre-moi comment voir les opportunités où les autres voient les obstacles.

4   Abba ! Père ! Montre-moi comment transformer les obstacles en opportunités.

5   Abba ! Père ! Montre-moi comment développer une mentalité positive dans mon voyage de destinée.

6   Abba ! Père ! Enseigne-moi voir les fruits où les autres voient les problèmes.

7   Abba ! Père ! Montre-moi comment utiliser les obstacles comme un catalyseur dans mon voyage de destinée.

8   Abba ! Père ! Montre-moi comment construire une vie basée sur la foi sur le chemin de ma destinée.

9   Abba ! Père ! Montre-moi comment voir le côté positif des obstacles et de l'adversité dans le processus de mon voyage de destinée.

10 Abba ! Père ! Montre-moi comment chercher Ton approbation en continu plutôt que celle des hommes dans le processus de ma destinée.

11 Abba ! Père ! Montre-moi comment résister à la pression de la majorité dans l'exercice de mon appel.

12 Abba ! Père ! Montre-moi comment éviter le découragement de la majorité dans le voyage de destinée.

13 Abba ! Père ! Montre-moi comment éviter de dépendre de la direction de la majorité dans le voyage de ma destinée.

14 Abba ! Père ! Montre-moi comment gérer les montagnes et les vallées dans mon voyage de destinée.

15 Abba ! Père ! Montre-moi comment avancer même si je suis seul dans le voyage de ma destinée.

16 Abba ! Père ! Enseigne-moi à avancer même si je suis rejetée dans mon voyage de destinée.

17 Abba ! Père ! Enseigne- moi à avancer même si je suis incomprise dans le voyage de ma destinée.

18 Abba ! Père ! Enseigne-moi à avancer même si je suis abandonné dans le voyage de ma destinée.

19 Abba ! Père ! Enseigne-moi à croire même quand tout s'écroule dans la réalisation de ce que Tu as prévu pour moi.

20 Abba ! Père ! Enseigne-moi à activer la puissance de la foi dans le processus de ma destinée.

APPROPRIATION PERSONNELLE

	Date :
Thème : LES 05 VICTOIRES À REMPORTER POUR DÉVERROUILLER VOTRE DESTINÉE	

SUJETS DE PRIÈRE	**RÉPONSES DE DIEU** *(Comment Dieu a-t-il répondu ? Rêve, vision, verset biblique, intuition, parole, enseignement, pensée, paix, image, anges, etc)*
COUPLE	
PAPA	
MAMAN	
ENFANTS 1	
2	
3	
4	
5	
VIE PROFESSIONNELLE	
VIE MINISTERIELLE	
INTERCESSION : Pays, famille, Corps de Christ	

JOUR 38

COMMENT ACCÉLÉRER MA DESTINÉE ? (LA ROUE DE MA DESTINÉE ET L'ÉCOSYSTÈME DE MA RÉUSSITE)

Nombreux sont ceux qui se posent la question de savoir la différence entre leur appel, leur mission et leur rêve. Dans la plupart des cas, il y a un feu ardent qui brûle en eux mais ils ne savent pas tout simplement comment s'y prendre pour que leur appel, leur rêve ne soit pas seulement une théorie. Dans ce processus, certains ont tout pour réussir et d'autres n'ont presque rien du tout mais tout est possible à celui qui croit. Je ne sais pas à quelle catégorie vous appartenez mais j'appartiens à la deuxième qui fut très bénéfique pour moi dans la mesure où j'ai appris à dépendre de Dieu et à lui faire confiance en toutes choses. Le but de ce chapitre est de vous aider à joindre l'utile à l'agréable en transformant votre rêve en réalité, en réalisant le plan de Dieu pour votre vie, en accomplissant la mission pour laquelle vous êtes sur la terre. Je vous propose de vous focaliser sur les cinq fondamentaux de votre destinée pour vous propulser sur le territoire prophétique de votre destinée. Pour ce faire, nous mettrons une emphase particulière sur la roue de votre destinée.

¤ La roue de la destinée

La roue de la destinée tout comme la roue d'une voiture est constituée des cinq fondamentaux de la destinée. Il s'agit entre autres de :

- L'équipement permanent
- Le discipolat reproducteur,
- L'entourage,
- L'environnement,
- La maturité croissante.

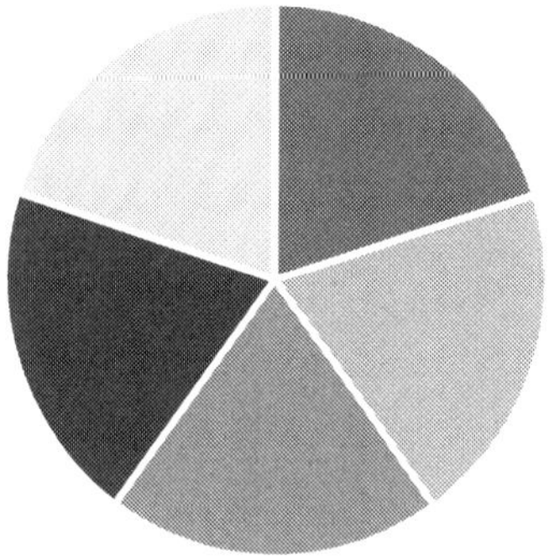

1. L'équipement permanent

Votre équipement vous permettra de vivre votre destinée. A travers la formation, vous avez la possibilité de recevoir ce que les autres ont déjà découvert dans le domaine où vous faites vos premiers pas. Dès le départ, vous avez une idée claire des opinions des autres sur ce que vous voulez réaliser. Il sera donc question de reconnaitre par probité intellectuelle les pensées des autres ainsi que leurs réalisations. Je vous exhorte vivement à développer la mentalité d'apprentissage dans la mesure où plus vous apprenez, plus les nouvelles portes et les nouvelles opportunités s'ouvrent. Malheureusement, j'ai remarqué dans le corps de Christ en général et dans la vie des chrétiens en particulier que l'apprentissage n'est pas la chose la mieux partagée. Ils ne veulent pas apprendre. Ils ne veulent pas apprendre pour plusieurs raisons à savoir : - le temps de la formation demande des sacrifices importants – les efforts associés à la formation ne sont pas à négliger – la formation a un coût qui ne doit pas être sous-estimé –l'investissement propre à la formation nécessite un temps de réflexion. **Dans la vie, il y a**

toujours un prix à payer quand vous voulez avancez. Vous pouvez payer par votre temps et ou par votre argent ou des actions à poser. Quand vous refusez de payer le prix aujourd'hui, vous payerez un prix dix fois plus cher demain. Jésus a équipé ses disciples pendant trois bonnes années. Nous avons besoin de nous inscrire dans le processus continu d'une formation permanente si nous voulons voir notre destinée accélérée.

2. Le discipolat reproducteur

On évolue à un rythme exponentiel lorsqu'on est entouré de mentors. Les mentors sont une ressource humaine sous utilisée et sous déployée dans le corps de Christ. Les mentors sont source d'accélération de notre destinée. Vous pouvez avoir un ou plusieurs mentors selon le besoin. Il est conseillé d'avoir plusieurs mentors selon les objectifs que Dieu veut que vous réalisiez. J'ai été personnellement très influencée par le mouvement Campus Pour Christ et les contenus qui y sont développés. Les principes qui y sont transmis ont façonné ma personnalité spirituelle. Les principes de la multiplication spirituelle du docteur **Bill Bright** ont impacté mon ministère. Ma vie de prière a connu des croissances capitales grâce à notre parrain papa **Laurent Mbe** et notre marraine maman **Rose Wandji** qui sont des chrétiens embrasés avec un appel prononcé dans le ministère d'intercession. Je rends grâce à Dieu pour leur obéissance à Dieu, qui est devenue pour nous une référence dans la marche chrétienne.

Il y a une grande puissance d'accélération dans le mentorat spirituel. Votre mentor peut être celui ou celle qui vous a conduit à Christ ou non, une personne placée par Dieu dans votre vie pour une mission précise. Votre faiseur de disciples peut être celui ou celle par qui vous avez expérimenté la nouvelle naissance ou pas. Dans tous les cas, il est bon d'avoir un mentor ou un faiseur de disciple. Qui sont vos mentors ou vos faiseurs de disciples ? Cherchez-les ! Honorez-les ! Il y a des cas de mentorat difficiles. Soyez sensibles à la direction du Saint-Esprit et ne laissez personne prendre la place de Dieu dans votre vie. J'ai une expérience d'un mentorat qui ne glorifiait pas Dieu. La domination spirituelle et la dictature spirituelle étaient les maîtres mots. Par la grâce de Dieu, cet état des choses a été source de bénéficions pour moi car j'ai su tirer mon épingle du jeu sans pécher. Et comme si cela ne suffisait pas, Dieu m'a bénie d'une manière extraordinaire pour bénir et libérer d'autres personnes dans le processus du discipolat familial. Le bienfondé du mentorat ne se démontre plus. Lisez les versets suivants et mettez de l'ordre dans votre mentorat et les faiseurs de disciples.

3. L'entourage

La valeur de la qualité de l'entourage est exprimée dans **Proverbes 13 : 20** ainsi : **« celui qui fréquente un sage devient sage, mais celui qui se plait avec les insensés s'en trouve mal »**. Dieu met dans notre entourage des hommes et des femmes qui ont pour but de nous élever dans la mission qu'Il nous a confiée. Ceux qui marchent avec vous détermineront votre altitude. Votre entourage influence votre élévation ou votre chute. Remarquez et convenez avec moi que certaines personnes sont source d'inspiration dans votre vie. Une seule conversation téléphonique vous ouvre les portes qui semblaient fermées et bloquées depuis fort longtemps. Une conversation avec elles donnent de nouvelles directives de vie et des clés pour votre maison ainsi que votre ministère. Dans leur présence, vous avez l'énergie spirituelle pour ne pas abandonner, pour faire plus. Vous avez le courage d'avancer même quand les choses s'annoncent difficiles. Vous avez la détermination à réussir. Vous vous sentez vivre et déterminé à accomplir la mission pour laquelle vous êtes sur la terre. Quand vous pensez seulement voir la personne, vous êtes joyeux. Vous avez l'impression qu'un feu nouveau brûle dans votre cœur.

Par contre, d'autres personnes vous tireront vers le bas dans vos entreprises et dans votre marche avec Dieu. Elles vous donneront l'impression que vous travaillez trop et que vous voulez porter le monde entier sur votre tête. Avec ce type de personnes, vous vous concentrez sur vos réalisations et vous vous réjouissez ainsi en perdant de vue les perspectives et les projets à réaliser. Vous dormez sur vos lauriers en oubliant les combats et les conquêtes futurs. Sans toutefois porter un quelconque jugement sur qui que ce soit, ne laissez personne vous changer les principes enfouis en vous par Dieu pour de bonnes œuvres. Ne permettez pas que quelqu'un réduise la qualité et même la quantité de bonnes œuvres que nous devons réaliser. Ne perdez pas vos récompenses divines à cause de qui que ce soit. Ne passez pas à coté de votre destinée à cause des partisans de moindre effort qui veulent vous entrainer dans leur jeu de vie.

Plusieurs de nos enfants dans la foi ont grandi en étant écoutant nos prières enregistrées, d'autres en suivant régulièrement nos enseignements et d'autres encore en nous observant vivre. Quand vous êtes sérieux avec Dieu, une sélection naturelle va s'opérer. Il vous ouvrira les yeux et vous verrez des personnes de qui vous devez vous séparer et des personnes avec qui vous devez continuer à cheminer. Sans toutefois tomber dans le piège de la culpabilité, notez qu'il y a des personnes qui entrent et qui sortent de nos vies selon les saisons et selon le plan parfait de Dieu pour nous. Soyons sensibles à la voix du Père ! La douleur de la séparation est parfois présente mais elle partira avec du temps. Ne cédez pas aux caprices de ceux qui estiment à tort que vous êtes devenu distant. N'essayez pas de vous justifier mais aimez-les et si nécessaire dites-leur comme Néhémie que l'ouvrage est considérable sans les blesser ou les déprécier.

4. L'environnement

Il existe de manière basique deux types d'environnements à savoir : **l'environnement favorable** et **l'environnement défavorable**.

Dans l'environnement favorable, vous avez :
❖ Le soutien et l'encouragement d'un réseau de personnes telles que les membres de la famille, les amis, les mentors, etc qui vous accompagne dans la célébration de vos succès

et vous aident à surmonter vos difficultés.

❖ Les opportunités croissantes d'apprentissage dans lesquels vous avez accès aux ressources, formations, expériences et défis qui vous permettent d'explorer et de développer vos talents, passions, compétences et élargir vos horizons. Il favorise l'apprentissage continu et l'épanouissement personnel.

❖ La liberté d'exprimer son authenticité dans un climat de confiance et de respect où vous êtes accepté et valorisé pour qui vous êtes au fond de vous.

❖ Le soutien des personnes qui vous entourent, vous motivent, et vous encourage à poursuivre vos rêves et à viser l'excellence.

❖ Les valeurs positives et stimulantes qui vous amènent à valoriser l'intégrité et à faire la différence dans la société et dans le monde.

Dans un environnement défavorable, vous vous faites l'expérience des éléments suivants :

❖ La critique constante et la dévalorisation par les personnes qui vous entourent. Vous êtes découragé, minimisé, ridiculisé et votre plein potentiel nié. Vous êtes découragé, démotivé et peu sûr de vous.

❖ Les ressources telles que les formations, les expériences, qui pourraient vous permettre de vous développer sont absentes. Vous vous sentez limité et incapable d'atteindre vos objectifs.

❖ La pression de conformité et de jugement vous pousse à réprimer l'authenticité, cacher vos vrais sentiments, porter un masque et jouer un rôle qui ne vous correspond pas.

❖ Vos valeurs sont néfastes et démotivantes dans un environnement qui favorise le matérialisme.

❖ Les personnes négatives, pessimistes, cyniques vous entourent et ne vous aident pas à réaliser votre vison.

Un environnement favorable est un terrain fertile où vous pouvez réaliser votre destinée alors qu'un environnement défavorable est un terrain aride qui étouffe vos rêves et empêche la réalisation de votre destinée. Il est capital de cultiver un environnement propice à votre éclosion personnelle et votre épanouissement. Si votre environnement actuel est défavorable, prenez des mesures qui s'imposent pour créer des conditions adéquates pour la réalisation de votre destinée. **Votre environnement définit clairement la valeur que l'on vous donne.** Jésus, le Fils de Dieu a fait plus de miracles selon que l'environnement était favorable ou défavorable.

5. La maturité croissante

La maturité est indispensable dans le processus d'accélération de notre destinée. Si nous arrêtons de grandir, nous ne pouvons pas atteindre le niveau d'excellence où Dieu nous attend. Nous devons être dans la perspective de nous former à nouveau et de manière continue. La croissance passe par des étapes importantes suivantes :

❶ La nouvelle naissance car on ne peut pas grandir sans naitre

C'est le point de départ de tout cheminement spirituel. On reconnait son besoin de Dieu et on se repent de son péché et on accepte Jésus comme Sauveur et Seigneur. On devient une nouvelle créature. **La nouvelle naissance nous connecte à la source de notre destinée. C'est le fondement sur lequel tout le reste est construit.** Il est écrit : « **Si quelqu'un est en Christ, il est une nouvelle créature. Les choses anciennes sont passées ; voici ; toutes choses sont devenues nouvelles** « 2 Corinthiens 5 : 17 .

❷ La croissance spirituelle fondamentale qu'est le discipolat est indispensable

C'est un processus de formation et de développement de base de la vie chrétienne qui inclut l'étude régulière de la Bible, la prière, le service, la mise en pratique des enseignements de Christ avec la transformation progressive du caractère. C'est le processus d'être un disciple qui se multiplie et faire des disciples qui se multiplient. Il est écrit : **« Mais croissez dans la grâce et dans la connaissance de notre Seigneur et Sauveur Jésus-Christ. A Lui soit la gloire, maintenant et pour l'éternité ! Amen ! » 2 Pierre 3 : 18.** Cette étape nous permet de développer des bases solides pour accomplir notre destinée avec succès.

❸ La découverte et le développement des dons spirituels pour servir les autres est crucial

Cette étape nous permet de découvrir comment nos talents et passions s'alignent avec le plan de Dieu pour nos vies **Romains12 : 6-8.**

❹ Répondre à l'appel de Dieu dans la vie professionnelle, à l'église, ou dans la combinaison de plusieurs éléments

Il faut discerner clairement l'appel spécifique de Dieu sur votre vie. Cet appel embrasse nos dons, passions et talents et les expériences. Cette étape nous permet d'utiliser pleinement nos dons et talents pour servir Dieu et les autres dans un domaine spécifique.

❺ La reproduction spirituelle et l'influence durable qui consiste à devenir un mentor et un modèle pour les autres en les aidant à découvrir et réaliser leur propre destinée

En le faisant, vous laisserez un héritage spirituel qui perdurera même après votre départ de la terre.

(?) Comment vivre et expérimenter les cinq fondamentaux de l'accélération de la destinée ?

Un écosystème est un ensemble dynamique et interdépendant constitué des êtres vivants (animaux, plantes, micro-organismes) qui interagissent entre eux dans un environnement donné et un ensemble des êtres non-vivants (sol, climat, eau, lumière, sels minéraux) qui influencent la vie de la communauté. **Nous ne pouvons pas grandir seuls car aucun arbre ne peut pousser dans le vide et dans le néant.** L'écosystème dans lequel tu es déterminera ton succès. Celui qui évolue avec les personnes intelligentes devient intelligent. L'ensemble ce qui vous entoure finit par vous façonner et vous modeler. **Les personnes qui sont autour de vous vous modèlent.** Vous êtes le produit de votre entourage. Les personnes qui sont de connections stratégiques autour de vous vous propulseront plus loin dans une dimension supérieure. **Ton succès n'est pas seulement le fruit de tes talents car plusieurs talentueux ne réussissent pas nécessairement.**

L'écosystème dans lequel nous nous trouvons joue un rôle capital dans l'accélération de notre destinée. Bien que nous ne puissions pas toujours choisir notre environnement, nous pouvons :

- ❤ Être conscient de son impact,
- ❤ Rechercher et construire des écosystèmes positifs en s'entourant des personnes qui nous aident à grandir,
- ❤ Agir pour améliorer notre écosystème,
- ❤ Développer notre résilience, la capacité à surmonter les obstacles et s'adapter aux défis que nous rencontrons.

La réussite de notre destinée est un mélange complexe de facteurs internes tels que nos talents, nos compétences et expériences et des facteurs externes tels que l'environnement,

nos opportunités. En comprenant l'influence de notre écosystème et en agissant pour l'améliorer, nous pouvons augmenter les possibilités d'accélérer notre destinée en vivant notre plein potentiel et en vivant une vie épanouie et remplie de sens. Pour joindre l'utile à l'agréable, je vous propose l'écosystème de Family Love Movement constitué d'un ensemble de ministères et d'académies ainsi que des zones d'influences.

Les dix académies et les ministères de FLM sont les suivants :
- Académie enfant et adolescent d'impact,
- Académie célibataire d'impact,
- Académie femme d'impact,
- Académie homme d'impact,
- Académie couple d'impact,
- Académie triple excellence,
- Académie enseignant d'impact,
- International School of Discipleship and Leadership,
- Impact Men of God academy,
- Famille d'impact.

L'accélération de notre destinée passe par un équipement permanent, le discipolat reproducteur, l'entourage, l'environnement, et la maturité croissante.

POINTS DE PRIÈRE

1 Abba ! Père ! Montre-moi comment investir temps, talent et trésor dans la réalisation de ma destinée.

2 Abba ! Père ! Montre-moi comment choisir le type de formation qui corresponde à Ton appel sur ma vie.

3 Abba ! Père! Montre-moi comment me former de manière continue et progressive dans le domaine de mon appel.

4 Abba ! Père ! Montre-moi comment et quand et avec qui me former pour répondre aux besoins des autres dans mon ministère.

5 Abba ! Père ! Montre-moi comment développer la triple mentalité de l'athlète, du soldat et du laboureur dans le processus de ma formation.

6 Abba ! Père ! Enseigne-moi à payer le triple prix du renoncement, de la sanctification et de la consécration dans le voyage de ma destinée.

7 Abba ! Père ! Montre-moi comment développer la triple excellence spirituelle, familiale, professionnelle et ministérielle dans mon voyage de destinée.

8 Abba ! Père ! Montre-moi comment vivre et expérimenter le niveau le plus élevé de la consécration pendant lequel je consomme la présence de Dieu sur le chemin de ma destinée.

9 Abba ! Père ! Montre-moi comment voir mon appel comme Tu le vois dans le processus de mon voyage de destinée.

10 Abba ! Père ! Ouvre mes sens spirituels pendant que j'avance dans le processus de ma destinée.

11 Abba ! Père ! Montre-moi comment devenir un disciple reproducteur dans l'exercice de mon appel.

12 Abba ! Père ! Montre-moi comment faire des disciples multiplicateurs dans le voyage de destinée.

13 Abba ! Père ! Montre-moi comment discerner la bonne terre pour investir dans le voyage de ma destinée.

14 Abba ! Père ! Montre-moi comment me multiplier et me reproduire dans mon voyage de destinée.

15 Abba ! Père ! Montre-moi comment devenir un disciple fidèle dans le voyage de ma destinée.

16 Abba ! Père ! Enseigne-moi à devenir un disciple disponible dans mon voyage de destinée.

17 Abba ! Père ! Enseigne- moi à devenir un disciple fidèle, disponible et enseignable dans le voyage de ma destinée.

18 Abba ! Père ! Enseigne-moi à faire bon usage de l'environnement favorable ou défavorable dans le voyage de ma destinée.

19 Abba ! Père ! Enseigne-moi à extirper du positif de mon environnement défavorable.

20 Abba ! Père ! Enseigne-moi à bien gérer mon entourage dans le processus de ma destinée.

APPROPRIATION PERSONNELLE

Thème : COMMENT	Date :
ACCÉLÉRER MA DESTINÉE ? (LA ROUE DE MA DESTINÉE ET L'ÉCOSYSTÈME DE MA RÉUSSITE)	
SUJETS DE PRIÈRE	RÉPONSES DE DIEU *(Comment Dieu a-t-il répondu ? Rêve, vision, verset biblique, intuition, parole, enseignement, pensée, paix, image, anges, etc)*
COUPLE	
PAPA	
MAMAN	
ENFANTS 1	
2	
3	
4	
5	
VIE PROFESSIONNELLE	
VIE MINISTERIELLE	
INTERCESSION : Pays, famille, Corps de Christ	

PORTE LE FRUIT DE TA DESTINÉE

Il ne faut rien à un manguier mature pour produire les mangues en sa saison. Il ne faut rien à un goyavier mature pour donner des mangues en leur saison. Il ne faut rien à un chrétien mature pour porter du fruit en sa saison en produisant des disciples au temps convenable. Les gens vont vers un arbre quelconque pour ses fruits. On va vers l'oranger pour ses oranges et non pour l'oranger lui-même. Je crois personnellement que, pendant que vous fructifiez vos talents dans le processus de votre destinée, les gens viendront de partout pour gouter à vos fruits. C'est pourquoi un bon leader, un parent authentique ne cherche pas les disciples mais les disciples les suivent et les poursuivent. Ils attirent les disciples et les suiveurs tout comme le fer attire l'aimant. Le bon leader, le parent authentique, le professionnel dévoué attire les disciples grâce à ses fruits et à sa vie. Dns ce chapitre, je voudrais te montrer comment devenir un arbre qui fait exploser ses fruits dans les domaines de ton appel, ta vie professionnelle, ta famille et dans tous les autres domaines de ta vie. Autrement dit, les fruits qui étaient en état de dormance vont réveiller et les talents qui étaient dans leur léthargie recevront le pouvoir de résurrection qui a fait sortir Lazare du tombeau. Ils étaient nombreux sont ceux qui venaient suivre les enseignements de Jean dans le désert alors qu'il les appelait **« race de vipère »**. Ils étaient une foule qui accourait pour entendre parler Jésus alors qu'Il leur disait la vérité et rien que la vérité. La grande question qu'il faut absolument se poser est la suivante :

Comment devenir un arbre qui porte les fruits prévus par Dieu depuis la fondation du monde ? Je vous propose six étapes importantes pour devenir un arbre fructueux sur la trajectoire de votre destinée glorieuse. Il est écrit : **« Tout bon arbre porte de bons fruits, mais le mauvais arbre porte de mauvais fruits. Un bon arbre ne peut porter de mauvais fruits, ni un mauvais arbre porter de bons fruits. Tout arbre qui ne porte pas de bons fruits est coupé et jeté au feu. C'est donc à leur fruit que vous les reconnaitrez ».Matthieu 7 : 17-20.**

 Étape n° 1 : Quel arbre Dieu a-t-il prévu que je sois ?

Étant donné qu'il y a un rapport étroit entre note origine et notre destinée, il est capital d'identifier avec exactitude l'arbre que Dieu a prévu que nous soyons. Un élève qui est prédestiné à être dans une série littéraire ne peut porter du fruit escompté par Dieu quand il se trouve dans une série scientifique. On ne peut cueillir les mangues sur l'avocatier et les avocats ne peuvent se trouver sue le manguier. Ainsi, il fut absolument éviter de donner aux autres des mangues alors que tu es destiné à produire les avocats. A force de t'efforcer à donner des mangues aux autres, tu as oublié ta véritable source. Tu parais au lieu d'être. Tu fournis trop d'efforts pour effectuer ce qui devrait être évident. Les résultats obtenus sont loin d'être proportionnels aux efforts fournis. Tu envies les fruits les autres au lieu de t'engager à fructifier les tiens. C'est à peine que tu peux reconnaitre le gout de ton propre fruit. Décide d'être un producteur et non un consommateur des fruits de ta destinée. Donne l'opportunité aux autres de consommer tes fruits avec joie et enthousiasme.

Étape n° 2 : Es-tu dans l'environnement prévu par Dieu pour ton éclosion multidimentionnelle ?

Il est écrit : « Celui qui a reçu la semence dans les endroits pierreux, c'est celui qui entend la parole et il la reçoit aussitôt avec joie ; mais il n'a pas de racines en lui-même, il manque de persistance, et, dès que survient une tribulation ou une persécution à cause de la parole, il y trouve une occasion de chute. Celui qui a reçu la semence parmi les épines, c'est celui qui entend la parole, mais en qui les soucis du siècle et la séduction des richesses étouffent cette parole, et la rendent infructueuse ». Matthieu 13 :20-22

Il y a lieu de répondre à quelques questions :

❖ Ton arbre prospère-t-il dans ton environnement car les manguiers et les avocatiers prospèrent au Cameroun alors que ce n'est pas le cas des pommiers. Alors que la tendance est d'aller au Canada, souviens-toi de l'environnement favorable et propice pour le développement de l'arbre que tu es.

❖ La qualité de tes fruits est-il proportionnel au type de terre où l'arbre est planté ? le type de terre déterminera la qualité et la quantité de fruits à obtenir. Il y a des terres qui sont plus propices à certaines plantes qu'à d'autres. Il faut sélectionner le type de terre qui corresponde à l'arbre que tu es.

❖ Nous devons faire attention aux ronces, épines, pierres qui sont des obstacles à notre développement multidimensionnel. Ces obstacles peuvent être des hommes, des femmes ou des phénomènes naturels contraires à notre développement.

❖ Mon arbre est-il planté dans la bonne terre selon qu'il est écrit :

« Celui qui reçoit la semence dans la bonne terre, c'est

celui qui entend la parole et la comprend ; il porte du fruit et un grain en donne cent, un autre soixante, un autre trente. Matthieu 13 : 23.

Étape n° 3 : La nécessité de prendre soin de l'arbre que je suis

Un arbre qui n'est pas bien entretenu mourra à coup sûr. C'est pourquoi il est important de prendre soin de l'arbre que nous sommes. Il est écrit : **« Celui qui soigne son figuier en mangera le fruit » Proverbes 27 : 18**. Il y a un prix important à payer pour :

- ൠ Me former aux pieds de Jésus et des autres personnes qui sont comme moi afin que mon arbre prospère abondamment. Les expériences des autres personnes sont les bienvenues dans mon édification personnelle.

- ൠ Je dois continuer à identifier le fruit que je porte en me rassurant que mon fruit est agréable aux autres. Si mon fruit est acide, les gens me fuiront après l'avoir goûté. Si par contre mon fruit est amer, il attirera un maximum de personnes qui viendront à moi pour mon fruit.

- ൠ Je dois également nourrir mon arbre personnel, mon arbre conjugal, mon arbre familial ; mon arbre professionnel et mon arbre ministériel pour être une personne équilibrée avec une formation holistique et multidimensionnelle. Je dois me rassurer que je suis la même personne à la maison, à l'église, au lieu de service et dans l'exercice du ministère au nom de la triple excellence spirituelle, familiale, professionnelle et ministérielle.

- ൠ Je dois également investir et m'investir pour que toutes dimensions spirituelle, sociale, émotionnelle, mentale, physique et financière soient en conformité avec la parole de Dieu et son plan pour ma vie.

Étape n° 4 : Est-ce que l'arbre que je suis est connecté à la bonne source d'eau de vie ?

Le fruit que je porte en fonction de la source qui m'abreuve. La source qui m'arrose détermine les résultats que j'obtiendrai. L'arbre qui n'est pas arrosé mourra certainement. La véritable source qui ne tarit jamais est la parole de Dieu. J'ai besoin que les racines de l'arbre que je suis soient profondément ancrées dans un sol favorable et propice à ma croissance. C'est dire que mon élévation sera tributaire de la profondeur de mes racines dans la source de la parole de Dieu. Le cèdre du Liban par exemple, est un arbre majestueux, symbole de force et de longévité. Son feuillage est d'un vert bleuté très esthétique. Il peut atteindre une hauteur de 40 mètres. Ses racines sont à la fois profondes et étendues lui permettant ainsi de s'ancrer solidement au sol et de résister aux vents violents. Elles captent également l'eau et les nutriments essentiels à sa croissance même dans les conditions arides. Cette robustesse racinaire explique sa longévité exceptionnelle. Certains cèdres vivent plusieurs siècles. Elles lui permettent sur des sols rocailleux et calcaires. Elles sont aussi la clé de sa résilience face aux aléas climatiques de toutes sortes.

Étape n° 5 : Identifier les saisons de l'arbre que je suis

Il est primordial de connaitre les différentes saisons de l'arbre que je suis. Etant donné que chaque talent est spécial, chaque fruit que je porte est unique et spécial. C'est la raison pour laquelle je ne dois pas enter ans des comparaisons serviles qui m'amènent à comparer mon arbre aux autres arbres. Je ne suis pas en compétition avec les autres arbres mais avec moi-même. Je compare ce que je suis à ce que Dieu veut que je sois. Je compare ce que je fais à ce que Dieu veut que je fasse. Je me rassure que je suis dans le plan parfait de Dieu, Sa volonté parfaite, réalisant ce qu'Il a prévu que je réalise dans les règles de l'art divin. Le plus important réside dans le fait qu'en regardant en arrière, je constate que mon caractère s'améliore progressivement. En effet, certains arbres portent des fruits que 'autres. Ce n'est pas en fonction du fruit que j'évaluerai ma croissance quantitative. Certains ont reçu plus de talents que d'autres mais ce qui compte aux yeux de Dieu, c'est ma détermination à fructifier ce que j'ai reçu. La preuve tangible est la suivante : celui qui a reçu deux talents et celui qui en a reçu cinq ont eu la même promotion spirituelle donnée par Dieu : Bon et fidèle serviteur, entre dans la joie de ton Maître. Certains fruits sont plus rares que d'autres. S'il fallait monétiser nos fruits, on pourra se rendre à l'évidence compte qu'on peut avoir peu de fruits qui produisent beaucoup d'argent et beaucoup de fruits qui produisent peu d'argent selon leur rareté. Si vous comparez un arbre qui est dans sa saison haute avec un arbre en cours de maturation, vous serez soit animé d'un complexe d'infériorité, soit d'un complexe de supériorité. Que chacun se compare à lui-même. L'absence de fruits n'implique pas nécessairement que votre arbre est mort ; cela peut être juste un indicateur de ce que ce n'est pas encore sa saison tout simplement. Que cette parole ne soit pas un encouragement pour les artisans de moindre effort ; Soyons diligents et travaillons comme notre Père a travaillé dès la création du monde. Produisons des fruits afin que les hommes viennent de tous les quatre coins du monde pour les savourer. Je confesse qu'ils viendront de notre Jérusalem, de notre Judée, de notre Samarie et des extrémités de la terre pour savourer nos fruits.

Pour ce faire, nous avons la lourde responsabilité de :

ཙ Être comme un arbre planté près d'un courant d'eau qui produit son fruit en sa saison.

ཙ Refuser de porter le fruit car il est écrit : « **Apercevant de loin un figuier qui avait des feuilles, il alla voir s'il y** trouverait quelque chose, il ne trouva que des feuilles, car ce n'était pas la saison des figues. Prenant la parole, il lui dit : Que jamais personne ne mange de ton fruit » Marc 11 : 13- 14.

ʚ Laisser notre caractère être transformé par les aspects du fruit de l'Esprit de **Galates 5 : 22 « le fruit de l'Esprit, c'est l'amour, la joie, la paix, la patience, la bonté, la bénignité, la fidélité, la patience, la tempérance »** en les intégrant chaque jour car tant que nous vivons, nous aurons toujours des aspects de notre caractère à construire.

ʚ Être prêt à accueillir la foule qui nous suivra selon qu'il est écrit : « **En ces temps-là, dix hommes de toutes les langues des nations saisiront un Juif par le pan de son vêtement et diront : Nous irons avec vous, car nous avons appris que Dieu est avec vous ». Zacharie 8 : 23** et il est également écrit : « **Car l'Eternel, ton Dieu, t'a béni dans tout le travail de tes mains, il a connu ta marche dans ce grand désert. Voilà quarante années que l'Eternel, ton Dieu, est avec toi : tu n'as manqué de rien. » Deutéronome 2 : 7.**

Étape n° 6 : Refuse d'être l'arbre que tu n'es pas

L'un des secrets pour découvrir et réaliser sa destinée consiste à refuser d'être un arbre qui n'est pas moi. Il s'agit de refuser d'être un manguier alors que Dieu a prévu que je sois un avocatier pour le corps de Christ. Il est plus facile d'envier ce que les autres sont que de s'auto valoriser. On a comme impression que le ministère de quelqu'un d'autre est plus facile et meilleur que le nôtre. Accepter ce que l'on n'est pas est le point de départ de la réussite de sa destinée. Jonathan, le fils du roi Saul avait très bien compris cette vérité. Il était successeur du roi son père, héritier légitime, doté d'une agilité d'aigle et la vigueur du lion, jeune homme de grande valeur, il accepte ce qu'il n'est pas pour que le plan de Dieu s'accomplisse. I l n'a pas cherché le meilleur pour lui comme le feraient plusieurs. Il noue une amitié sincère avec David et David étant roi, il ne peut plus l'être. Il lui donne son manteau en guise de transfert d'autorité et de pouvoir. Une autre façon de dire je renonce au pouvoir et à la royauté. Ce faisant, il démontre que David est le choix de Dieu. Ce choix était déjà confirmé par le peuple qui déclarait que Saul avait tué 1000 et David 10 000. Sans aucune forme de jalousie, Jonathan a accepté qu'il ne fût plus le futur héritier. Ainsi ? Il fait une démonstration palpable de qu'est le leadership authentique qui n'est pas un simple titre mais une responsabilité, ou mieux une influence. Si tu veux porter du fruit, commence à accepter qui tu n'es pas. Refuse d'être un autre arbre et porte le fruit que Dieu a voulu que Tu portes.

Personnellement, j'ai choisi d'être profondément la personne que Dieu veut que je sois. Je confesse que je porte du fruit en ma saison. Avant la saison des fruits, les gens soupirent de déguster mes fruits. Après la saison, les gens se préparent à en consommer davantage. Et comme je suis connectée à la source d'eau vive, j confesse que je porterai des fruits même à contre saison car les sources d'eaux vives qui coulent en moi couleront jusque dans l'éternité. Je suis un fleuve à quatre bras et mes eaux vont abreuver les enfants, adolescents, célibataires, femmes, hommes, couples, familles, la triple excellence, *International School of Discipleship and Leadership* même après mon départ de cette terre. Je suis un arbre fructueux. Je suis un disciple reproducteur. Je suis un arbre qui fait des disciples reproducteurs sur plusieurs générations. Voici la bonne nouvelle que je voudrai t'annoncer : **Peu importe ton âge, ta race, ta tribu, ton niveau d'études, ton origine, ton background, le lieu géographique où tu te trouves maintenant, tes fruits vont attirer un maximum de personnes par la puissance de la grâce de Dieu.**

APPROPRIATION PERSONNELLE

	Date :
Thème : PORTE LE FRUIT DE TA DESTINÉE	
SUJETS DE PRIÈRE	**RÉPONSES DE DIEU** *(Comment Dieu a-t-il répondu ? Rêve, vision, verset biblique, intuition, parole, enseignement, pensée, paix, image, anges, etc)*
COUPLE	
PAPA	
MAMAN	
ENFANTS 1	
2	
3	
4	
5	
VIE PROFESSIONNELLE	
VIE MINISTERIELLE	
INTERCESSION : Pays, famille, Corps de Christ	

CONCLUSION

Je ne traverse plus une crise existentielle et je ne manque plus de direction. J'ai le contrôle de ma vie.

- ¤ Je ne suis plus fatigué de tourner en rond et je sais quoi faire de ma vie désormais.
- ¤ J'ai n'ai plus marre d'une profession que j'exerce sans pour autant éprouver une satisfaction certaine.
- ¤ Je suis plus découragé(e) par les années qui s'écroulent devant moi alors que j'ai le sentiment de demeurer sur place dans l'incapacité de donner un sens à ma vie. Je suis un arbre fructueux.
- ¤ Ils sont nombreux ceux qui subissent leur vie, qui perdent de nombreuses et précieuses années de leur vie sans réellement réaliser quelque chose. Je confesse que cette réalité n'est plus mon partage.
- ¤ Je n'ai plus l'impression que ma vie ne sert à rien et je suis de plus en plus certain d'être dans le plan de Dieu pour ma vie, mon foyer, ma famille, mon travail et mon ministère.

5 ATOUTS QUI CONSTRUISENT CEUX QUI NE CONNAISSENT PAS LEUR DESTINÉE

 જ Dorénavant, j'ai des objectifs, les autres ne m'utiliseront plus pour réaliser leurs objectifs. Je ne suis plus animé d'un sentiment d'inutilité, le sentiment <u>d'être utilisé et exploité par les autres.</u>

 જ Je ne <u>gaspille plus le temps, le talent et l'argent</u> pour investir dans <u>les activités qui n'ont pas été prévues pour moi dans le plan de Dieu.</u>

 જ Je ne suis plus dans le tourbillon d'une angoisse existentielle remplie de brouillard et dans <u>l'impasse</u> et l'incertitude de l'avenir et je n'ai plus comme impression que ma vie est un éternel recommencement sans réalisations visibles.

 જ Je n'ai plus le sentiment <u>de passer à côté du plan de Dieu pour votre vie</u>, foyer, famille, enfant, travail, ministère.

 જ Je n'ai plus le sentiment d'insatisfaction, d'inachèvement, de non accomplissement qui paralysait mon existence.

7 RAISONS NÉCESSAIRES POUR LESQUELLES ON DEVRAIT CONNAITRE SA DESTINÉE

✓ Je suis capable de dépenser son temps, talent et trésor dans les domaines et les **projets prévus par Dieu** depuis la fondation du monde.

✓ Je suis capable de discerner avec exactitude la personne **avec qui on pourra se marier** et se mettre en partenariat pour servir Dieu efficacement.

✓ Je suis capable de définir **les priorités de nos vies** et nous investir avec sagesse pour un résultat à la hauteur de l'extraordinaire divin.

✓ Je suis capable de discerner avec exactitude le lieu d'habitation géographique dans la mesure où il y a un rapport entre mon appel et le territoire de ma réalisation.

✓ Je suis capable de discerner clairement dans quelle **église** m'inscrire et dans **quels domaines** m'établir pour servir un maximum de personnes.

✓ Je suis capable de discerner clairement la **compétence et la qualification** dont on a besoin ainsi que les sphères dans lesquelles on peut exceller et les diplômes nécessaires pour notre épanouissement multidimensionnel.

✓ Je suis capable de discerner clairement **le plan et les objectifs de Dieu** pour ma vie personnelle, conjugale, familiale, professionnelle et ministérielle.

Vous n'aurez jamais la ressource suffisante, le matériel complet, le temps adequat et parfait pour commencer à réaliser votre destinée, commencez maintenant sans aucune forme de pretextes !

CE MESSAGE EST POUR VOUS !

INTÉGRER LA FAMILLE DE DIEU EST LA CHOSE LA PLUS IMPORTANTE DE VOTRE VIE

Pour réaliser cet exploit, vous devez considérer cinq choses essentielles :

- ✓ Engagez-vous à Lui ouvrir votre vie en croyant qu'il est votre Sauveur et votre Seigneur par la mort de Jésus-Christ et sa résurrection.
- ✓ Vivez avec les autres membres de la famille chrétienne en mettant une emphase sur la communion fraternelle avec une compassion agissante.
- ✓ Choisissez d'être à l'image de Dieu dans les bons comme dans les mauvais jours dans l'optique de bâtir votre caractère pour qu'il soit semblable à celui de Jésus-Christ qui a été obéissant jusqu'à la croix.
- ✓ Servez les autres comme Jésus-Christ a servi au point de donner sa vie en rançon pour plusieurs sous la dépendance du Saint-Esprit.
- ✓ Engagez-vous à aimer Dieu, à aimer votre prochain en annonçant et en prêchant la parole de Dieu en vous investissant à être un disciple reproducteur et en faisant de disciples reproducteurs.

Manufactured by Amazon.ca
Bolton, ON

45624770R00162